# Täglich Jesus anbeten
Seine Nähe suchen und finden

Joseph S. Carroll

JOSEPH S. CARROLL

# Täglich Jesus anbeten

## SEINE NÄHE SUCHEN UND FINDEN

Joseph S. Carroll
**Täglich Jesus anbeten**
Seine Nähe suchen und finden

ISBN 978-3-86353-161-4
Bestell-Nr. 271.161

Titel des amerikanischen Originals:
*How to Worship Jesus Christ*

This book was first published in the United States by
Moody Publishers, 820 N. LaSalle Blvd., Chicago, IL 60610
with the title *How to Worship Jesus Christ*,
copyright © 1984 by Joseph Carroll.
Translated by permission.

Soweit nicht anders vermerkt,
wurde folgende Bibelübersetzung verwendet:
Revidierte Elberfelder Bibel
SCM R.Brockhaus Witten 1992 (Scofield)
Darüber hinaus wurde folgende Bibelübersetzung
verwendet: NeÜ bibel.heute,
© 2010 Karl-Heinz Vanheiden, www.derbibelvertrauen.de

1. Auflage
© 2015 Christliche Verlagsgesellschaft Dillenburg
www.cv-dillenburg.de
Übersetzung: Anke Hillebrenner
Satz und Umschlaggestaltung:
Christliche Verlagsgesellschaft Dillenburg
Umschlagmotiv: ©Shutterstock.com/donatas1205
Druck: GGP Media GmbH, Pößneck
Printed in Germany

Dieses Buch ist für "das Team":
Mabel, Elisabeth, Anna und Paul

# Inhaltsverzeichnis

Vorwort . . . . . . . . . . . . . . . . . 9

Einleitung . . . . . . . . . . . . . . . . 13

1. Eins aber ist nötig . . . . . . . . . . . . 17

2. Wahre Anbetung . . . . . . . . . . . . . 45

3. Ein aufrichtiges Herz . . . . . . . . . . . 63

4. Offenbarung 4 und 5 . . . . . . . . . . . 87

5. Wie kann ich denn anbeten? . . . . . . . . 107

# Vorwort

*Jesus aber antwortete und sprach zu ihr: Marta, Marta! Du bist besorgt und beunruhigt um viele Dinge; eins aber ist nötig.*

Lukas 10,42

Anbetung ist die grundlegendste aller Tätigkeiten, der der Vorrang vor allen anderen Pflichten unseres Lebens gebührt.

Doch die meisten Menschen sind vielmehr wie Martha – ständig besorgt, gestresst und zu beschäftigt, um zu den Füßen Jesu zu sitzen. Das ist die Gefahr, die das Leben im High-Tech-Zeitalter mit sich bringt. Wie leicht lassen wir uns von Stechuhren, Fristen, Zeitplänen, Gesprächsterminen, Aufgaben, Verpflichtungen und dringenden Verrichtungen von einer Stunde zur anderen hetzen und werden so zu Getriebenen des Alltags. Kaum jemand meint es sich erlauben zu können, Anbetung ganz oben auf seine To-Do-Liste zu setzen.

Die Wahrheit lautet allerdings: Eine solche Einstellung können wir uns schlichtweg nicht leisten. Denn Anbetung hat höchste Priorität in unserem Leben. Niemand hat etwas Dringenderes auf seiner Agenda. Das Tempo unserer heutigen Zeit macht die bewusste und hingegebene tägliche Anbetung unseres Herrn Jesus Christus nur noch notwendiger.

Durch dieses wertvolle und praxisorientierte Büchlein will Joseph S. Carroll der Gemeinde die Bedeutung dieser Thematik ins Gedächtnis rufen. Sorgfältig und mit klaren Aussagen geht *Täglich Jesus anbeten* den Grundsätzen der Anbetung auf die Spur und behandelt elementare Fragen wie: Was ist Anbetung? Warum ist Anbetung so wichtig? Und vor allem: Wie sieht Anbetung aus?

Anbetung und Ehre Gottes – das sind Herzensanliegen Joseph S. Carrolls. Seine Schriften spiegeln das ganz klar wieder. Das Thema Anbetung ist seine ständige Leidenschaft, mit der er auch die Herzen seiner Leser anstecken möchte, damit auch sie danach trachten, den Herrn zu kennen und anzubeten. Wundern Sie sich also nicht, wenn der Funke überspringt.

Die Gemeinde hat heutzutage nichts nötiger als eine Rückbesinnung auf wahre Anbetung. Trotzdem scheint der Wind oft aus anderen Richtungen zu wehen. In der christlichen Literaturszene herrschen Themen wie Selbsthilfe, Selbstwertgefühl, Selbstliebe, Selbstverwirklichung und andere ichbezogene Trends vor. Viele Bücher kreisen inhaltlich um den Menschen und versprechen uns Sieg, Erfüllung, Glück und andere menschliche Annehmlichkeiten. Nun sind all diese Dinge an sich nicht verwerflich, sondern durchaus erstrebenswert. Doch sie sind nicht mehr und nicht weniger als Begleiterscheinungen eines zur Ehre Gottes geführten Lebens.

Joseph Caroll ist sich dessen bewusst und richtet seinen Blick dementsprechend himmelwärts. Sein Augenmerk gilt nicht dem diesseitigen, irdischen oder seelischen, von Gott geschenkten Wohlergehen des Menschen. Das Vorrecht und die Pflicht echter Anbetung ist vielmehr sein vordringlichstes Anliegen – wohl wissend, dass jegliche Segnung Gottes daraus entspringt. Denn wahre Anbetung Jesu lässt den Gläubigen sowohl die Tiefen als auch die Höhen des überreichen Lebens in Christus erfahren.

> *Es kommt aber die Stunde und ist jetzt, da die wahren Anbeter den Vater in Geist und Wahrheit anbeten werden; denn auch der Vater sucht solche als seine Anbeter. Gott ist Geist, und die ihn anbeten, müssen in Geist und Wahrheit anbeten.*
>
> (Johannes 4,23-24)

John MacArthur
(Autor der John-Mac-Arthur-Studienbibel)

# Einleitung

Das vorliegende Buch ist keine erschöpfende Abhandlung über das Beten. Vielmehr befasst es sich mit einem Teilaspekt dieses Themas. Die Christen, die sich mit besonderer Leidenschaft dem Beten widmen, würden einmütig bestätigen, dass der Kern der Anbetung den wichtigsten Bestandteil darstellt.

Junge Menschen lassen sich heutzutage nicht mehr mit Glaubensbekenntnissen abspeisen. Sie wollen vielmehr den Christus als die Person kennenlernen, um die es im Glaubensbekenntnis geht. Die Anbetung ist jedoch der Schlüssel zu dieser Suche nach dem Wesen Christi. C.S. Lewis bestätigte dies mit der Aussage: „Indem Gott angebetet wird, offenbart er seine Gegenwart."[1] Gleichwohl wird diese entscheidende Tatsache vernachlässigt.

Der hoch geschätzte Autor und Pastor A.W. Tozer hat es in seiner unnachahmlichen Art einmal so formuliert:

---

[1] übersetzt nach: C.S. Lewis: *Reflections on the Psalms*, New York: Harcourt, Brace, Jovanovich, 1958, S. 93

*Der Mensch wurde geschaffen, um Gott anzubeten. Gott gab dem Menschen eine Harfe und sagte: „Von allen Geschöpfen, die ich gemacht habe, habe ich dir die größte Harfe anvertraut. Ich habe sie mit mehr Saiten und einem weiteren Klang- und Tonspektrum ausgestattet als die Instrumente, die die anderen Kreaturen zur Verfügung haben. Dadurch bist du in der Lage mich anzubeten, wie kein anderes Geschöpf es vermag." Als der Mensch dann in Sünde fiel, nahm er sein Instrument und warf es in den Dreck. Dort blieb es zerbrochen liegen und rostete und moderte jahrhundertelang vor sich hin. Und anstatt in den Harfenchor der Engel einzustimmen und Gott mit all seinem Tun anzubeten, hat der Mensch nur noch sich selbst im Sinn und schmollt, flucht, lacht und singt – doch alles ohne die rechte Freude und ohne überhaupt an Anbetung zu denken. […] Anbetung, das abhandengekommene Juwel im modernen Evangelikalismus. Wir sind durchorganisiert. Wir arbeiten hart. Wir haben unsere Agenda auf dem Schirm. Wir haben fast alles – bis auf eines: die Fähigkeit zur Anbetung. Die Kunst der Anbetung beherrschen und pflegen wir nicht mehr. Es ist die eine Perle von so tiefer Schönheit, die der Gemeinde von heute verloren ging. Und wenn Sie mich fragen, sollten wir so lange danach suchen, bis wir sie wiedergefunden haben.*[2]

---

[2] übersetzt nach: A.W. Tozer: *Worship*; Harrisburg, PA: Christian Publications, 1961, S. 12, 23-24

Das Gebet, mit dem ich die Veröffentlichung dieses Buches begleite, drückt meinen Wunsch aus, dass viele eine endgültige Antwort auf die Frage des „Wie?" der Anbetung erhalten mögen.

Barbara Haley und Dorothy Kind, zwei Anbeterinnen Jesu, danke ich ganz besonders für ihre liebevolle Mühe, ohne die dieses Projekt nicht zu realisieren gewesen wäre.

Joseph S. Carroll

Jesus, ich ruhe in der stillen Freude
über dein wunderbares Wesen.
Stück für Stück erforsche ich
die Größe deines liebenden Herzens.
Ich betrachte deine Schönheit,
die meine Seele füllt.
Denn durch deine verändernde Kraft
hast du mich neu gemacht.

*Nach Jean S. Pigott*

# 1. Eins aber ist nötig

*Die Anbetung Gottes ist von großer Bedeutung für unsere persönliche Zweckdienlichkeit. Fehlen uns die Zeiten der Anbetung, [...] werden wir unser Tagwerk nicht nur ineffizient verrichten, sondern auch unserem Umfeld im Wege stehen.*

nach Oswald Chambers

Kein Name erfreut sich so großer Bekanntheit in der evangelikalen Missionsgeschichte wie der Name Hudson Taylor. Hudson Taylor war ein bemerkenswerter Mann und wurde zum Vater der modernen Glaubensmissionen. Seine Biographie aus der Feder seiner Schwiegertochter gehört zu den bedeutsamsten Werken, die jemals über das Thema Mission geschrieben wurden. Doch was hat Hudson Taylor zu dem Mann gemacht, der er war und bis zum Schluss geblieben ist?

Sein Sohn und seine Schwiegertochter, die den betagten Hudson Taylor auf seinen Reisen begleiteten, berichteten, dass sie nach stundenlangen Fahrten in ungefederten Wagen über holprige Straßen nachts in einer chinesischen Herberge Rast machten. Stets versuchten sie, ein Eckchen in einem Raum für ihren Vater zu reservieren, denn diese Herbergen verfügten meistens nur über einen einzigen Raum, der von allen anwesenden Gästen bewohnt wurde. Hudson Taylor war bereits ein alter Mann. Doch niemals ließ er es sich nehmen, jeden Morgen vor dem ersten Hahnenschrei eine Kerze anzuzünden und seinen Gott anzubeten. Das war der Schlüssel zu seinem Leben. Noch bevor die Sonne über China aufging, widmete sich Hudson Taylor der Anbetung Gottes.

## Lehren aus Taylors und Tozers Leben

Was schrieb dieser bemerkenswerte Mann über die Mission? Hat uns dieser Vater der Glaubensmissionen mit seinem tiefen Verständnis für das Wesentliche ein Buch über das „Wie" der Mission und der Gemeindegründung hinterlassen? Nein, das hat er nicht. Nur ein Büchlein, einen Kommentar über das Hohelied Salomos.

Was war Hudson Taylors Geheimnis? Er liebte den Herrn. Und er pflegte diese Beziehung. Immerhin ist das auch der Inhalt des ersten Gebots. Liebe kann nur in Abgeschiedenheit mit der Person gepflegt werden, der diese Liebe gilt. Und genau das beherzigte Hudson Taylor.

Ich hatte das Vorrecht, einigen Männern über die Schulter sehen zu dürfen, die zu den bedeutendsten

Predigern unserer Zeit zählen. Einer von ihnen, der jetzt bereits beim Herrn ist, war A.W. Tozer. Das Besondere an Dr. Tozer, der viele Jahre in Chicago diente, waren die unnachahmliche Frische und Eindringlichkeit seiner Botschaften.

Ein Bekannter von mir war ebenfalls in den Dienst nach Chicago berufen worden. Als er in der Stadt ankam, rief A.W. Tozer ihn an und sagte: „Diese Stadt ist eine Hochburg des Teufels. Die Verkündigung von Gottes Wort ist hier sehr schwierig, und schon bald werden Sie es mit der Opposition des Feindes zu tun bekommen. Sie finden mich jeden Morgen um 5.30 Uhr am Ufer des Sees, falls Sie den Wunsch nach gemeinsamem Gebet verspüren sollten. Kommen Sie einfach dazu, und dann beten wir zusammen."

Da mein Bekannter diesen großen Mann nicht in seiner Gemeinschaft mit dem Herrn stören wollte, kam er nicht sogleich auf dieses Angebot zurück. Doch eines Tages war er so verzweifelt, dass er sich um 6 Uhr in der Frühe auf den Weg machte. Er fand einen Knecht Gottes vor, der am Seeufer lag und Gott anbetete. Ich brauche nicht zu erwähnen, dass er davon absah, ihn dabei zu stören.

A.W. Tozer lebte in der Anbetung Gottes und gehörte zu der Handvoll Männer, die beständig von der Notwendigkeit predigten, ein Anbeter des Herrn zu sein, und die nie müde wurden, das Fehlen dieses kostbarsten Juwels in der Krone der Gemeinde Jesu zu beklagen.

## WEITERE LEKTIONEN ÜBER ANBETUNG

Immer wieder wurde ich mit dem Thema Anbetung konfrontiert. „Rein zufällig", würde man menschlich sagen, ich will es jedoch „Gottes Vorsehung" nennen. In der ersten Zeit meines Dienstes in Australien pflegte ich mich immer mal wieder mit einigen Brüdern in Sydney zu treffen und einen ganzen Tag im gemeinsamen Gebet zu verbringen. Wir begannen um 9 Uhr morgens. Da sich nachmittags für gewöhnlich etwas Müdigkeit einstellte, beteten wir dann immer reihum. Als ich wieder einmal an der Reihe war, war ich so müde, dass ich ganz schlicht Psalm 19,2-4 zu zitieren begann:

*Die Himmel erzählen die Herrlichkeit Gottes, und das Himmelsgewölbe verkündet seiner Hände Werk. Ein Tag sprudelt dem anderen die Kunde zu, und eine Nacht meldet der anderen Kenntnis – ohne Rede und ohne Worte, mit unhörbarer Stimme.*

Plötzlich war ich vom Geist Gottes so erquickt, dass ich mein Herz im Gebet ausschüttete. Den ganzen Tag hatte ich noch nicht so gebetet wie in diesem Moment. Ich hatte zwar schon viele Gebete formuliert, aber keines war so wie dieses gewesen. Als ich geendet hatte und die anderen an der Reihe waren, dachte ich über das Geschehene nach und wartete auf einen Wink des Herrn. Was hatte ich getan? Ich hatte Gott mit den Worten des Psalmisten anzubeten begonnen und war einfach mit meinen eigenen Worten fortgefahren – mit gleichem Ergebnis. Der Geist Gottes erquickte mich, und die Fürbitte strömte nur so aus mir heraus. Und es war der Geist Gottes, der mich dabei leitete. Ich wusste, dass ich ein Geheimnis von unschätzbarem Wert entdeckt hatte – etwas, das mich in bisher ungeahnte Sphären in der Beziehung mit meinem Herrn führen sollte.

Die beste Zeit der Anbetung ist mit Sicherheit am Morgen – die Zeit, die wir als die „Stille Zeit" bezeichnen. Doch was bedeutet „Stille Zeit" für Sie? Als ich ein junger Christ war, hielt ich es für eine entspannte Zeit der Besinnung. Eine Zeit, in der ich einen Abschnitt aus der Bibel durchnahm und im Anschluss daran einige Punkte von meiner Gebetsliste abarbeitete. So gesehen war meine Stille Zeit gar keine Stille Zeit im eigentlichen Sinn. Sie war vielmehr eine Studierzeit und eine Zeit für Bitte und Fürbitte.

Danach bekam ich eine kleine Abhandlung von A. T. Pierson über das Beten in die Hände, die sich mit der Lehre unseres Herrn über das Beten befasste. Betrachtet man die Aussagen Jesu über das Beten in ihrer Gesamtheit, so kristallisieren sich zehn Lektionen heraus. Meinen Vorlesungen, die ich am *Evangelical Institute*[3] über das Beten halte, lege ich diese zehn Lektionen bis heute zugrunde.

---

[3] Bibelschule in South Carolina, USA, die von Joseph S. Carroll gegründet wurde. (Anm. d. dt. Hrsg.)

Sie werden sehen, dass Sie erst zur nächsten Lektion übergehen können, wenn Sie die vorangegangene beherrschen. Das bedeutet also, dass man Lektion Nr. 2 nicht durchnehmen kann, ohne zuvor Lektion 1 verinnerlicht zu haben. Und Lektion 3 wird nicht fruchten ohne das Studium von Lektion 2.

Die erste Lektion unseres Herrn über das Beten entnehmen wir Matthäus 6,6: „Wenn du aber betest, so geh in deine Kammer, und nachdem du deine Tür geschlossen hast, bete zu deinem Vater, der im Verborgenen ist! Und dein Vater, der im Verborgenen sieht, wird dir vergelten."

Er sagt damit: „Als erstes musst du dich an einen Ort begeben, an dem du mit mir alleine sein kannst." Denn eine Kammer ist ein abgeschlossener Ort. In diesem Sinne kann ein normales Zimmer zur Kammer werden. Denn es ist ein Ort der Abgeschiedenheit gemeint. Auch ein Wald kann zur Kammer werden. Wichtig ist das Alleinsein, die Gemeinschaft in Abgeschiedenheit mit dem himmlischen Vater.

„Und nachdem du deine Tür geschlossen hat, bete zu deinem Vater, der im Verborgenen ist! Und dein Vater, der im Verborgenen sieht, wird dir vergelten." Was wollte Jesus seinen damaligen Zuhörern damit sagen? Der Ort, der den Juden bei diesen Worten wahrscheinlich als erstes in den Sinn kam, war „das Allerheiligste", die innerste Kammer im Herzen der Stiftshütte bzw. des Tempels, in dem der Hohepriester einmal im Jahr allein mit Gott war. Es war ein Raum ohne Tür, ohne

Oberlicht, ohne Fenster. Ein komplett abgeschiedener Raum.

Der Hohepriester betrat das Allerheiligste und stand vor dem lebendigen Gott. Da die Schrift keinerlei diesbezügliche Hinweise oder Andeutungen enthält, können wir davon ausgehen, dass er keine einzige Silbe sprach. Beten ist eine Sache des Herzens und muss nicht notwendigerweise in Worten Ausdruck finden. Denn Gott sieht das Herz an.

Der Hohepriester stand in der Gegenwart des Herrn, hielt Zwiesprache mit ihm vor dem mit Blut besprengten Gnadenthron und verließ das Allerheiligste mit einer Botschaft für das Volk. Wie lautet also die erste Lektion, die es zu lernen gilt? Es geht um Zwiesprache mit Gott in der Stille und Abgeschiedenheit des mit Blut besprengten Gnadenthrons.

Wie genau halten wir Zwiesprache mit Gott? Der Schreiber des Hebräerbriefes nennt das Opfer Jesu die Grundlage unserer Gemeinschaft mit Gott. Und Jesus selbst ist unser Gnadenthron. Er ist das Lamm Gottes, dessen Blut neues Leben für uns bedeutet.

Martin Luther sagte: „Es scheint mir, als wäre Jesus erst gestern gestorben." Was machte die Dynamik dieses großartigen, furchtlosen göttlichen Dieners und die Effektivität seines Handelns aus? Er wandelte und lebte in der greifbaren Gegenwart des Gotteslammes, das für ihn geschlachtet worden war. Er war sich der Bedeutung des Blutes und Opfers des Lammes Gottes bewusst.

Durch das Blut Jesu haben wir Zugang zum Heiligtum und zur unmittelbaren Gegenwart Gottes wegen des mit Blut besprengten Gnadenthrons. Dieser Gnadenthron ist Christus selbst, dessen Blut uns den Weg bereitet hat.

Welche Auswirkung hatte diese Tatsache auf meine Stille Zeit? Nun, sie wurde komplett auf den Kopf gestellt. Anstatt auf die Uhr zu schauen und zu beschließen: „Ich habe jetzt zehn Minuten Zeit, um meine Gebetsliste abzuarbeiten", kniete ich mich schlicht und ergreifend hin, machte mir innerlich bewusst, dass ich mich in der Gegenwart des Gotteslammes befand und betete den Herrn an. Seitdem galt meine Stille Zeit nur noch ihm und nicht mehr mir selbst. Und mit der Anbetung meines Herzens ging die überwältigende Gewissheit seiner göttlichen Gegenwart einher.

Während unserer Dienstjahre in Japan hatte ich einen Freund, mit dem ich des Öfteren zusammenarbeitete. Er besaß einen kleinen Renault, mit dem er quer durch Tokio fuhr. Zu dieser Zeit waren die japanischen Tankstelleninhaber eifrig um Tankkunden bemüht. Sobald man auf ein Tankstellengelände fuhr, fiel augenblicklich eine komplette Armee über das Auto her. Einer der Männer machte die Windschutzscheibe sauber, während sich ein anderer über den Motor beugte und Wasser auffüllte und ein Dritter den Luftdruck der Reifen überprüfte. Das einzige, was man selbst zu dem Schauspiel beitragen konnte, war, sich möglichst rasch aus der Schusslinie zu begeben.

Als mein Freund Julius wieder einmal unterwegs war, bemerkte er, dass die Ölkontrolllampe aufleuchtete. Als er an einer Tankstelle hielt, spielte sich die übliche Szene ab. Es wurde gewaschen, geputzt, gewienert und poliert. Als er das Tankstellengelände wieder verlassen hatte, blinkte das Lämpchen erneut. Die Männer hatten den Wasserstand und den Reifenluftdruck überprüft, das Fahrzeug betankt, die Windschutzscheibe gereinigt – kurzum: Sie hatten alles erledigt, *nur nicht das, was eigentlich sein Anliegen gewesen war.* Geht es Ihnen vielleicht auch so? Tun Sie auch alles, nur nicht das, was der Herr eigentlich von Ihnen möchte?

Doch was ist sein Anliegen? Er möchte, dass wir ihn anbeten. So steht es in Gottes Wort. Natürlich möchte er auch, dass wir sein Wort studieren, dass wir für andere beten, dass wir für die Mission spenden und auf den Wegen gehen, auf die er uns führt. Doch was muss all diesen Dingen vorausgehen? Wenden wir uns noch einmal der treffenden Aussage Oswald Chambers' zu:

> *Die Anbetung Gottes ist von großer Bedeutung für unsere persönliche Zweckdienlichkeit. Fehlen uns die Zeiten der Anbetung, [...] werden wir unser Tagwerk nicht nur ineffizient verrichten, sondern auch unserem Umfeld im Wege stehen.*[4]

---

[4] Übersetzt nach: Oswald Chambers, *My Utmost for His Highest*, New York: Dodd, Mead & Co., 1935, S. 254

Wie würden Sie die folgende Frage beantworten: „Welche Sache hat oberste Priorität in Ihrem geistlichen Leben, hinter der alles andere zurückstehen müsste?"

Ein Baptist würde vielleicht sagen: „Ich möchte andere Menschen zu Jesus führen." Und das ist vorbildlich. „Menschen mit Jesus bekanntmachen, Zeugnis geben, Menschen in die Gemeinde einladen. Wenn mir die Leidenschaft für verlorene Seelen erhalten bleibt, ist der wichtigste Schritt getan."

Ein Pfingstler könnte antworten: „Die Fülle des Geistes, die Geistestaufe – das ist von höchster Wichtigkeit."

Die Antwort eines Anglikaners lautet möglicherweise so: „Oberste Priorität hat die Ehrfurcht vor Gott." Anstatt über die unterschiedlichen Schwerpunkte der Denominationen zu spekulieren, werfen wir lieber einen Blick in Gottes Wort. Denn ich bin davon überzeugt, dass uns die Schrift Aufschluss über diesen entscheidenden Aspekt im Leben eines Christen gibt.

## DAVIDS ANLIEGEN

Psalm 27 gibt uns einen Einblick in die Erfahrungen Davids. David war ein äußerst bemerkenswerter Mann, ein herausragender Knecht Gottes. Predigtbegeisterte werden bei ihm fündig, denn er war ein großartiger Prediger. Faszinieren einen eher die großen Führer, so kann man auch diesbezüglich von ihm als begabtem Führer des Volkes Israels lernen. Und sowohl das Leben eines Soldaten als auch die Qualitäten eines wahren Königs kann man am Beispiel Davids wunderbar studieren. Denn er führte das Volk Israel siegreich durch unzählige Schlachten und war der bedeutendste König, der jemals den Thron Israels bestiegen hatte. Er war „ein Mann nach dem Herzen Gottes" (1. Samuel 13,14), ein vielseitig begabter Mann, der sich die Zuneigung des gesamten Volkes erworben hatte und es mit sicherer Hand von Sieg zu Sieg führte. In erster Linie steht er uns allerdings als der unvergleichliche Psalmist vor Augen.

Wenn man David gefragt hätte: „Was ist dein vordringlichstes Anliegen? Wofür lebst du? Was bewegt dich, David? Was ist das Ziel, was die Triebfeder deines Lebens? Möchtest du vielleicht ein großer Prediger sein, einer, der Sünder zur Umkehr ruft?"

Seine Antwort hätte in etwa so gelautet: „Nein, ganz und gar nicht."

„Nun ja, dann geht es dir bestimmt darum, als unbesiegter Feldherr in die Geschichte einzugehen und deine Armee die Siegesstraße entlang zu führen."

„Das trifft es auch nicht."

„Geht es dir um deine Königsherrschaft, um den Thron Israels?"

„Oh nein, das bestimmt nicht."

„Möchtest du denn nicht in erster Linie ein vorbildlicher König sein?"

„Nein."

Vielleicht hätte er hinzugefügt: „Meine Position als König ist eher nebensächlich."

„Königsein ist für dich Nebensache?"

„Ja, vergleichsweise schon."

„Ja, aber David, was hat denn dann oberste Priorität für dich?"

Seine Antwort können wir in Psalm 27,4 nachlesen: „Eins habe ich vom Herrn erbeten." David begehrte nur eines, und das war alles, worum es ihm ging. Alles andere trat hinter diesem Wunsch zurück.

> *Eins habe ich vom Herrn erbeten, danach trachte ich: zu wohnen im Haus des Herrn alle Tage meines Lebens, um anzuschauen die Freundlichkeit des Herrn und nachzudenken in seinem Tempel.*

In einem einzigen Vers zusammengefasst ist es uns überliefert. Das Herzensanliegen, das er über alles andere stellte. Und weil er sich das sehnlichst wünschte, wurde auch alles andere machbar. Diese Herzenshaltung bringt alles andere in Bewegung und lässt es seiner ursprünglichen Bestimmung gemäß gelingen. Wenn wir nach dem Allerwichtigsten trachten, werden sich alle anderen Dinge rundherum arrangieren und funktionieren.

Ich erinnere mich an eine Situation in einer Stadt im Süden der Vereinigten Staaten, wo ich zu tun hatte. Ich schaute auf meine Uhr und dachte: „Oh, ich bin ja noch recht früh dran." Als ich ungefähr zehn

Minuten später einen erneuten Blick aufs Zifferblatt warf, war die Uhrzeit immer noch dieselbe. Meine Uhr sah noch gleich aus, aber sie war unbrauchbar, weil sie ihre bestimmungsgemäße Funktion aufgegeben hatte. Die Antriebsfeder war gebrochen. Das Wichtigste war nicht mehr intakt.

Der Kommentar von Keil und Delitzsch schreibt zu Davids größtem Anliegen:

> *Eins nur ist's, was er wünscht, [...] um eine aus der Vergangenheit in die Zukunft reichende, und also sein ganzes Leben durchziehende Sehnsucht auszudrücken. Das ersehnte Eine entfaltet sich in lebenslänglichem Wohnen im Hause Jahwes, also trauter inniger Verkehr mit dem Gott, [...] ist Davids einziger Herzenswunsch, um sich schauend zu weiden der Holdseligkeit Jahwes.*[5]

Die meisten konservativen Bibellehrer halten dieses Werk für die beste Kommentarreihe über das Alte Testament. Was können wir diesen Zeilen entnehmen? Davids Anliegen ist eine Sehnsucht, die von der Vergangenheit bis in die Zukunft hineinreicht. Keine Momentaufnahme. Innige, geistliche Gemeinschaft – das war Davids konkurrenzloses Herzensanliegen, das sein ganzes Leben bestimmte.

---

5  Franz Delitzsch, *Die Psalmen,* Nachdruck der 5. überarbeiteten Auflage von 1894 bei Dörflin & Franke, Leipzig, 2005 Brunnen Verlag Gießen

Ist das nicht überraschend? David ist der Mann schlechthin, ein erfolgreicher Kriegsherr und der größte aller irdischen Könige – und wonach steht ihm der Sinn? Das einzige, was ihn bewegt, ist der Anblick der Schönheit und der Freundlichkeit des Herrn. Alles andere tritt dagegen in den Schatten. Seine Führungsposition, sein Königsthron, seine Predigtgabe, sein Psalmistenamt – alles Nebensache. Das Einzige, was wirklich zählt, ist die innige Gemeinschaft mit Gott. Sein Herz schlägt für die Anbetung Gottes.

Doch im gleichen Atemzug sagt David: „Danach trachte ich." Ihm war wohl bewusst, dass er diesem Lebensprinzip nur würde gerecht werden können, wenn er mit aller Kraft danach strebte. Und das gilt genauso für mich und für Sie, lieber Leser. Am Ende eines Tages sollten wir uns stets fragen, was wir mit unserer Zeit angefangen haben. Wie viel Zeit haben wir aufgewendet, um Jesus Christus anzubeten? Die Antwort wird uns vielleicht überraschen.

Natürlich geht es nicht nur um die Anbetung Gottes innerhalb unserer Stillen Zeit. Das ist lediglich der Anfang. In der Stillen Zeit stimmen Sie nur Ihr Instrument und rüsten sich für den Tag. Manchmal sind wir der Ansicht, dass der Tag nur dann reibungslos laufen kann, wenn wir morgens unsere Stille Zeit gehalten haben. Haben wir sie dagegen einmal versäumt, geht auch gleich alles andere schief. Dem ist jedoch nicht so. Natürlich sollten wir unsere Stille Zeit am Morgen machen, doch damit stimmen wir nur unser Instrument. Wir können eben nicht sagen: „Ich habe meine Stille Zeit gemacht, damit ist also alles erledigt." Die Stille Zeit ist nur der Anfang, das Einlegen des ersten Ganges.

Den ganzen Tag sollen wir in der Gemeinschaft mit dem Herrn verbringen. C.H. Spurgeon hat einmal gesagt, er sei nie länger als zehn Minuten ohne diese lebenswichtige Verbindung zu seinem Herrn gewesen. Kein Wunder, dass Gott diesen glühenden Nachfolger Christi so großartig gebraucht hat. Genau wie einst König David hat sich C.H. Spurgeon in seinem Herzen vorgenommen, ein wahrhaftiger Anbeter des Herrn zu sein. Denn niemand kann dauerhaft die Erfahrung echter Anbetung machen, ohne sich mit ganzem Wollen darauf ausgerichtet zu haben.

## DAS ANLIEGEN DES PAULUS

Was war das Anliegen des Apostels Paulus? Philipper 3,10 gibt Aufschluss über den zentralen Wunsch seines Lebens: „[...] um ihn und die Kraft seiner Auferstehung und die Gemeinschaft seiner Leiden zu erkennen, indem ich seinem Tod gleichgestaltet werde."

Was genau meint Paulus hier mit der Formulierung „um ihn zu erkennen"? Kannte Paulus Christus nicht bereits als Herrn und Heiland? Natürlich. Aber gleichwohl ging es ihm ganz zentral darum, ihn immer inniger kennenzulernen. Gott zu erkennen war die Triebfeder im Leben des Apostels. Könnte man auch Ihr Leben mit den Worten „um ihn zu erkennen" überschreiben?

In Philipper 3,8 schreibt Paulus: „[...] um dessentwillen ich alles eingebüßt habe [...], damit ich Christus gewinne."

Christus war sein Ziel. Christus zu gewinnen, zu kennen, zu lieben und innige Gemeinschaft mit ihm zu pflegen – das bestimmte sein Wünschen. Und ist das nicht das Zentrum unserer Sehnsucht, so wird der Dienst zur lästigen und zähen Plackerei. Wenn Christus aber der Dreh- und Angelpunkt ist, stehen wir freudig in seinem Dienst.

Heutzutage arbeiten wir mit klug entwickelten Strategien. Deshalb kann es durchaus sein, dass wir Menschen dazu motivieren oder gar drängen können, Zeugnis von ihrem Herrn zu geben. Doch wie geht es dann weiter? Eine Zeit lang klappt das auch, doch irgendwann hören sie wieder damit auf. Hält man sie dann wieder zum Zeugnisgeben an, nehmen sie den Faden wieder auf. Doch irgendwann verläuft auch das im Sande. Aber warum?

Ist Ihnen jemals aufgefallen, dass Paulus die Christen in seinen Briefen weder dazu drängt, Zeugnis zu geben, noch dass er Aussagen im Blick auf das Missionieren macht? Kein Wort schreibt er darüber. Ist das nicht interessant? Wenn man jemanden ständig zum Zeugnisgeben auffordern muss, dann stimmt irgendetwas nicht mit ihm. Wenn man Menschen unaufhörlich motivieren muss, sich für das Thema Mission zu interessieren, dann stimmt etwas nicht mit ihnen. Was aber tut Paulus stattdessen? Er wird nicht müde, uns zu Christus zu bringen, um uns dann in der Gemeinschaft mit Christus zu belassen.

Was möchte ein Mensch tun, in dessen Herz Christus regiert? Er möchte andere mit Jesus bekanntmachen, und er wird diesen Wunsch auch effektiv umsetzen. Ist Christus das Zentrum seines Lebens? Dann wird ihn die Tatsache, dass Millionen Menschen weltweit noch nie etwas von Christus gehört haben, nicht unberührt lassen. Das Wissen darum wird ihn umtreiben und zum Handeln motivieren. Er braucht keine Ermahnung. Er braucht nur Christus. Und der Christus, der in ihm lebt und der sein Leben für diese Welt gelassen hat, wird durch ihn zu dieser verlorenen Welt reden. Ohne wahre Leidenschaft für Christus wird auf Dauer nichts funktionieren. Auf Dauer wird einfach die nötige Kraft fehlen.

Jesus Christus war das Zentrum im Leben des großen Apostels.

## Marias Entscheidung

*Es geschah aber, als sie ihres Weges zogen, dass er in ein Dorf kam; und eine Frau mit Namen Marta nahm ihn auf. Und diese hatte eine Schwester, genannt Maria, die sich auch zu den Füßen Jesu niedersetzte und seinem Wort zuhörte. Marta aber war sehr beschäftigt mit vielem Dienen; sie trat aber hinzu und sprach: Herr, kümmert es dich nicht, dass meine Schwester mich allein gelassen hat zu dienen? Sage ihr doch, dass sie mir helfe!*

(Lukas 10,38-40)

Hier ist die Antwort Jesu: „Marta, Marta! Du bist besorgt und beunruhigt um viele Dinge; eins aber ist nötig. [Merken Sie sich diesen Satz; es sind die Worte unseres Herrn: „eins aber ist nötig".] Maria aber hat das gute Teil erwählt, das nicht von ihr genommen werden wird" (Lukas 10,41-42).

Hier lernen wir zwei viel beschäftigte Schwestern kennen. Nicht nur Marta ist beschäftigt. Auch Maria hat viel zu tun. Nur konzentriert sie sich auf eine ganze andere Art von Dienst. Als der Herr das Haus betritt, wird Martas Einstellung ihm gegenüber offensichtlich. Sie ist sehr aufschlussreich. „Herr, kümmert es dich gar nicht, dass meine Schwester mich hier alleine dienen lässt? Ist dir das egal? Du kommst hier zu Besuch, siehst genau, was vor sich geht, bekommst mit, dass ich die ganze

Arbeit alleine machen muss, und es kümmert dich überhaupt nicht? Maria rührt keinen Finger!"

Die erste Sache, die ins Auge fällt, ist Martas Neigung zum Lamentieren. Sie ist, anders ausgedrückt, anfällig für Gemütsregungen wie Selbstmitleid. Wenn sie sich sogar gegenüber dem Herrn beklagt und ihn zurechtweist, fragt man sich, wie sie wohl erst mit ihren Familienmitgliedern umgeht.

Am Schluss gibt sie Jesus obendrein noch eine Anweisung. Eine ziemlich direkte Frau, diese Marta. „Sage ihr, dass sie mir helfen soll. Kümmert dich das gar nicht?"

Und wie reagiert der Herr? Er ignoriert ihre Aufforderung komplett. Er antwortet nicht etwa: „Also Marta, natürlich sehe ich, wie beschäftigt du bist, und eigentlich ist es auch nicht fair, dass Maria dir gar nicht hilft." Auf keinen Fall füttert er das Monster namens „Ich", das sich soeben in Martas Innerem aufbäumt. Ebenso wenig fördert er dasselbe Monster, das in jedem von uns wohnt. Doch wenn wir uns vom Herrn entfernen, verfallen wir in Selbstmitleid und beginnen zu jammern.

Aber wie reagiert Jesus stattdessen? „Marta, Marta! Du bist besorgt und beunruhigt um viele Dinge." Wie leicht durchsäuert eine „Vielzahl von Dingen" das Leben einer rechtschaffenen Frau und bereitet ihr Kopfzerbrechen. Wir müssen lernen, mit dem zufrieden zu sein, was der Herr uns schenkt. Diese *Dinge* sind imstande, uns zu ersticken. Marta droht an ihnen zu ersticken. Lassen Sie sich am Herrn genügen, und trachten Sie nicht nach Dingen. Hat der Apostel Paulus nicht gesagt: „Denn ich habe gelernt, mich darin zu begnügen, worin ich bin" (Philipper 4,11)?

Leben wir für den Herrn, nicht für Dinge.

In Vers 42 kommt der Herr auf Maria zu sprechen: „Eins aber ist nötig. Maria aber hat das gute Teil erwählt, das nicht von ihr genommen werden wird."

Was genau ist der Unterschied zwischen Marta und Maria? Manche Leute meinen: „Marta ist eben ein cholerischer Typ und verrennt sich im Aktionismus. Sie ist ein Mensch, der mit den Händen arbeitet. Maria ist ganz anders als ihre Schwester. Sie ist mehr der Melancholiker: der ruhige, introvertierte, versonnene Typ. Zwei von Grund auf unterschiedliche Charaktere. Marta, die Aktive, und Maria, die Meditative."

Diese Erwägungen sind von der Schrift nicht gedeckt. Denn was genau sagt uns die Schrift? Es gab einem Punkt in Marias Leben, an dem sie eine Entscheidung traf – im Gegensatz zu Marta. Das ist der Unterschied. Maria hat gewählt. Das unterscheidet den Menschen, der zufrieden ist in Christus, von demjenigen, der unzufrieden ist im Leben. Der Eine hat eine Entscheidung getroffen, der Andere nicht.

Wie oft habe ich Frauen sagen hören: „Sie wissen doch, Mr. Carroll, dass ich eine Marta bin. Mein

Reich ist die Küche. Mein Zuhause ist mein Revier, wo ich mich ausschließlich um meine Familie kümmere. Ich bin eben eine Marta."

„Nein, sind Sie nicht", pflege ich dann zu sagen. „Sie haben sich vielmehr entschieden, eine Marta zu sein. Gott möchte aber, dass Sie eine Maria sind."

Man schlittert nicht einfach so in ein Maria-Dasein hinein. Aber man steht in der Gefahr, jederzeit in ein Marta-Dasein abzurutschen. Man muss sich nur nachhaltig gehen lassen. Doch auf diesem Weg ist noch aus niemandem eine Maria geworden.

„Aber Sie verstehen mich nicht ganz, Mr. Carroll. Sie wissen ja nicht, welche Verpflichtungen an mir hängen."

Ich verstehe das nur zu gut. Im Laufe meines vierzigjährigen Dienstes war ich in Dutzenden von Haushalten zu Gast. Ich kann mich noch gut an eine Frau erinnern, die sieben Kinder und einen wenig einfühlsamen Ehemann hatte. Zwei Kinder hatte sie gleich nach der Geburt verloren. Obwohl sie einen großen Haushalt zu organisieren hatte und sich in ihrer freien Zeit noch in den Familienbetrieb einbrachte, habe ich sie nicht einmal unzufrieden oder verstört erlebt. Der Wohlgeruch Christi umgab ihr ganzes Sein, und ich habe sie dafür sehr bewundert.

Als ich einmal während einer Konferenz dort wohnte, bemerkte ich um 5 Uhr morgens einen Lichtschein, der unter einer Zimmertür her in den dunklen Flur drang. Ich öffnete die Tür ganz leise und sah, dass die Frau vor ihrem Klavier kniete. Genau so lautlos, wie ich gekommen war, verließ ich den Raum wieder. Am nächsten Morgen vollzog sich dieselbe Szene und am darauffolgenden Morgen wieder.

Irgendwann sprach ich sie darauf an. „Um wie viel Uhr stehen Sie auf, um den Herrn zu suchen?"

Sie entgegnete: „Oh, das hängt nicht von mir ab. Vor längerer Zeit habe ich eine Entscheidung getroffen und dem Herrn gesagt, dass ich bereit bin, wann immer er Gemeinschaft mit mir haben möchte. Manchmal weckt er mich um 5 Uhr, manchmal um 6. Ab und zu ruft er mich um 2 Uhr nachts, aber ich glaube, das tut er nur, um mich auf die Probe zu stellen."

Immer dann, wenn sie aufwachte, setzte sie sich ans Klavier und betete den Herrn an.

Ich fragte weiter: „Und wie lange dauert Ihre Stille Zeit?" – „Das überlasse ich ihm. Wenn er mir sagt, ich soll schlafen gehen, dann gehe ich wieder ins Bett. Wenn er nicht möchte, dass ich mich wieder schlafen lege, dann bleibe ich einfach wach."

Diese Frau war der Inbegriff der Gelassenheit. Sie hatte eine Entscheidung getroffen. Eine Entscheidung, die ihr sicherlich nicht leicht gefallen war, denn Gott musste den Götzen ihres „Ichs" vom Thron stoßen, bevor sie sie traf. Doch nachdem das geschehen war, gehörte sie Christus – Christus allein.

Lieber Leser, es gibt keine Entschuldigung. Mit sieben Kindern war diese Frau zweifellos sehr beschäftigt, aber nicht besorgt. Das ist der Unterschied. Man kann beschäftigt und trotzdem gelassen sein, umgekehrt aber auch äußerlich nicht belastet und trotzdem sorgenvoll. Alles hängt davon ab, ob Christus das Zentrum unseres Lebens ist.

Wir wurden geschaffen, um Jesus Christus anzubeten. Wir wurden zu ihm hin geschaffen, damit er Freude an uns haben kann. Doch das erfordert Disziplin. Das erfordert Verzicht. Das erfordert das Sterben des Fleisches. Das erfordert den Willen, all das in unserem Leben auszumerzen, was dem einen großen Ziel zuwiderläuft.

Johannes 11,20-22 berichtet uns vom Tod des Lazarus. Der Herr Jesus Christus tritt auf den Plan und trifft auf Marta.

*Marta nun, als sie hörte, dass Jesus komme, ging ihm entgegen. Maria aber saß im Haus.*

(Vers 20)

Hier begegnen wir wieder Marta als der Frau, die handelt. „Ich muss etwas dagegen tun. Ich muss zum Herrn gehen."

*Da sprach Marta zu Jesus: Herr, wenn du hier gewesen wärest, so wäre mein Bruder nicht gestorben.*

(Vers 21)

Sicherlich liegt ein Ausdruck vollsten Vertrauens in diesen Worten, die sie an den Herrn richtet. Und es war Marta, die sie aussprach, nicht Maria: „Herr, wenn du hier gewesen wärest, so wäre mein Bruder nicht gestorben."

Was will sie damit sagen? „Wenn du da gewesen wärst, hättest du meinen Bruder heilen können." Diese Aussage ist erstaunlich, zumal sie aus Martas Mund kommt. Doch nun betritt sie eine noch höhere Ebene des Glaubens:

> *„Und jetzt weiß ich, dass, was du von Gott bitten magst, Gott dir geben wird."*
>
> (Vers 22)

„Auch jetzt", drückt Marta damit aus, „ist noch nicht alles verloren."

Ist das nicht großartig? Hat auch Marta, die vielbeschäftigte Frau, die sich von so vielen Dingen hat mürbe machen lassen, am Ende die Entscheidung getroffen, die Maria schon zuvor festgemacht hatte? Ich denke nicht! Denn in den Versen 38 und 39 lesen wir:

> *Jesus nun, wieder in seinem Inneren erzürnt, kommt zur Gruft. Es war aber eine Höhle, und ein Stein lag davor. Jesus spricht: „Nehmt den Stein weg!"*

Jetzt muss die Glaubenshaltung Glaubenstaten hervorbringen. Denn jetzt kommt der Test: „Nehmt den Stein weg!" Müssen *Glaubenstaten* denn prinzipiell die Glaubenshaltung besiegeln? Verlangt das Bekenntnis zwingend nach einer praktischen Umsetzung?

Sie alle haben sich vor der Grabstätte versammelt. Und nur eine Person spricht. Es ist Marta. Und was sagt sie in Vers 39?

> *„Herr, er riecht schon, denn er ist vier Tage hier."*

Wo ist ihr Glaube geblieben? Etwas zu bekennen ist das eine. Es dann auch wirklich umzusetzen ist noch einmal etwas anderes.

Was wird aus dieser Begebenheit deutlich? Aufgrund der Unbeständigkeit ihres geistlichen Lebens macht Marta hier eine geistliche Erfahrung auf einer rein emotionalen Ebene. Das gilt für alle Menschen, die ein unregelmäßiges geistliches Leben führen. Heute schweben sie auf Wolke sieben und morgen stürzt sie das Erlebte in die tiefsten Tiefen – insgesamt das Ergebnis einer instabilen, unzuverlässigen Persönlichkeit. „Herr, du kannst alles. Du kannst ihn sogar von den Toten auferwecken." Und im nächsten Moment: „Oh, nein, Herr, er stinkt schon. Tu das nicht!"

In welcher Person finden Sie sich wieder? In Marta oder in Maria? Sie müssen eine Entscheidung treffen, wer Sie sein wollen. Haben Sie jemals das gute Teil für sich erwählt, das Eine, das auch König David einst erwählte? Um was genau handelt es sich bei dem „einen", dem „guten Teil"? David entschied, sich auf den zu konzentrieren, den er liebte, und ihn aus ganzem Herzen zu suchen. Auch Maria wählte dieses bessere Teil, und es wurde ihr nicht wieder genommen.

Diese Entscheidung wurde reichlich entlohnt, wie wir in Johannes 12,2-7 lesen können:

> *Sie machten ihm nun dort ein Abendessen, und Marta diente; Lazarus aber war einer von denen, die mit ihm zu Tisch lagen. Da nahm Maria ein Pfund Salböl von echter, sehr kostbarer Narde und salbte die Füße Jesu und trocknete seine Füße mit ihren Haaren. Das Haus aber wurde von dem Geruch des Salböls erfüllt. Es sagt aber Judas, der Iskariot, einer von seinen Jüngern, der ihn überliefern sollte: Warum ist dieses Salböl nicht für dreihundert Denare verkauft und den Armen gegeben worden? Er sagte dies aber nicht, weil er für die Armen besorgt war, sondern weil er ein Dieb war und die Kasse hatte und beiseite schaffte, was eingelegt wurde. Da sprach Jesus: Lass sie! Möge sie es aufbewahrt haben für den Tag meines Begräbnisses!*

Was offenbart uns dieser Textabschnitt? Derjenige, der die Entscheidung trifft und das Eine, das nötig ist, über alles andere stellt, hat Anteil an den Geheimnissen, die der Herr im tiefsten Inneren seines

Herzens verborgen hält. Das sind die Menschen, zu denen er redet, denn Liebe sucht sich immer ein seelenverwandtes Gegenstück.

Der Herr Jesus liebt uns von ganzem Herzen. Und er möchte, dass auch wir ihn von ganzem Herzen lieben. Nur wenn wir das wirklich tun, werden wir einen Einblick in die Zartheit seiner Liebe zu uns bekommen. Anderenfalls wird es bloß bei einer ungefähren Ahnung bleiben. Wie viele Menschen kennen die hintersten Winkel unseres Herzens? Und was sind das für Menschen, denen wir sie offenbaren? Wir werden uns doch eher jemandem anvertrauen, dessen Liebe wir uns gewiss sein können, der uns innerlich zugetan ist und in uns investiert – und sonst keinem. Genauso ist es bei unserem Herrn. Das Verhältnis von Liebe und Gegenliebe ist der Nährboden für ein solches Vertrauen.

Maria salbte Jesus für sein Begräbnis. Woher wusste sie davon? Er hatte es ihr offenbart. Keiner sonst wusste es – mit Ausnahme von Maria. Und warum hatte er es ausgerechnet ihr offenbart? Weil sie eine Entscheidung getroffen hatte. Infolgedessen wusste sie, was innige Gemeinschaft mit dem Herrn ist. Und deshalb erhielt sie eine unschätzbar wertvolle Belohnung: Sie durfte Anteil haben an den tiefsten Gedanken des göttlichen Herzens – welche Ehre!

Gnädiger Gott, wir beten dich an.
Ehrfürchtig knien wir vor dir.
Jesus gilt unser Flehen.
Vater, alle Ehre sei dir.

Nach Samuel Trevor Francis

## 2. Wahre Anbetung

*Das Allerwichtigste ist die Anbetung. Anbetung ist die innere Haltung eines Untertanen, der sich demütig vor seinem König beugt. [...] Grundsätzlich geht es dabei um eine Art inneren Kniefall.*

nach G. Campbell Morgan

Als ich auf einer Konferenz auf den Philippinen war und dort Predigtdienste wahrzunehmen hatte, kam eine Missionarstochter auf mich zu. Sie mochte im Teenagealter sein.

„Bruder Carroll", begann sie. „Ich liebe meinen Herrn. Ich mache auch immer meine Stille Zeit und habe ein regelmäßiges Gebetsleben. Trotzdem habe ich das Gefühl, dass Jesus für mich etwas Unwirkliches ist. Ich möchte ihn mit noch mehr Hingabe lieben und ihm noch bereitwilliger dienen. Doch das funktioniert nur, wenn er auch zu meiner Wirklichkeit gehört. Ich lese Geschichten über die herausragenden Männer des Glaubens und staune, wie sie mit der Realität Gottes gerechnet und sich ihrer sicher waren. Ich möchte das auch erleben. Können Sie mir sagen, was ich tun soll?"

Wir sprachen noch eine ganze Weile miteinander. Einige Tage später liefen wir einander wieder über den Weg.

„Mr. Carroll", rief sie mir entgegen, „zum ersten Mal erlebe ich die Gegenwart meines Herrn ganz bewusst und greifbar!"

Einige Jahre später kam ich abends nach einer Bibelstunde nach Hause. Müde und abgespannt ließ ich mich im Wohnzimmer nieder, als ich schon die Stimme meiner Frau vernahm, die mir das schreckliche Wort „Telefon" entgegenschmetterte.

„Wer ist es?"

„Ich weiß es nicht. Er sagt, er sei ein Prediger aus Chicago. Er ist sehr aufgebracht und behauptet, du hättest sein Leben verändert."

Ich nahm den Telefonhörer.

„Sind Sie Bruder Carroll?"

„Ja, der bin ich."

„Sie haben mein Leben verändert."

„Nun, ich hoffe, es war vielmehr der Herr."

„Ja, ja, natürlich hat es letztendlich der Herr getan. Aber es war eine dieser Botschaften."

„Welche Botschaften?"

„Na, diese Kassetten mit den Vorträgen über Anbetung. Die haben mein Leben verändert."

Was war es, das sein Leben verändert hatte? Jesus Christus war Realität für ihn geworden.

Ist er auch Realität in Ihrem Leben? Leben Sie mit ihm? Kennen Sie ihn? Ist er für Sie greifbar?

## GREIFBARE REALITÄT DURCH ANBETUNG

Einige Jahre nach dieser Missionskonferenz auf den Philippinen und diesem Telefonanruf des Pastors aus Chicago war ich in einer Stadt im Mittleren Westen der Vereinigten Staaten, um eine Bibelarbeitsreihe zu halten. Während der letzten Zusammenkunft, an der nur noch Pastoren teilnahmen, gab ich eine einfache Kurzbotschaft über das Thema, über das ich auch mit der Missionarstochter auf den Philippinen und mit dem Pastor aus Chicago gesprochen hatte. Als ich später noch einmal in dieser Stadt zu tun hatte, suchte mich einer dieser Pastoren auf.

„Erinnern Sie sich noch an die Predigt, die Sie damals bei uns gehalten haben?", fragte er mich.

„Ja."

„Seitdem hat meine Gemeinde plötzlich einen neuen Pastor. Und ich habe eine neue Gemeinde."

Welche Botschaft hatte ich diesen Pastoren, dem Prediger aus Chicago und dem jungen Mädchen auf den Philippinen mitgegeben? Es waren schlichte Aussagen über die Anbetung Jesu Christi.

Was würden Sie auf die Frage entgegnen: „Welcher Segen geht von der Anbetung Gottes aus?" Einer der großen Verfechter des Glaubens, C.S. Lewis, hilft uns dabei, eine Antwort auf diese Frage zu finden. Er schreibt über ein

Erlebnis, das ihm die Priorität der Anbetung deutlich machte:

*Als ich mich dem Gottesglauben zu nähern begann und auch noch geraume Zeit, nachdem er mir geschenkt worden war, war mir die Forderung, welche von allen religiösen Leuten so lautstark erhoben wird, dass wir nämlich Gott „preisen" sollten, ein Stein des Anstoßes; und noch viel mehr der Hinweis, dass Gott selbst es verlange. Wir alle verachten einen Menschen, der von uns dauernd seiner Tugendhaftigkeit, seiner Intelligenz oder seiner Liebenswürdigkeit versichert werden will; noch viel mehr verachten wir die Schar um jeden Diktator, jeden Millionär und jede Berühmtheit, die diesem Ansinnen entspricht. So drohte sich in mir ein ebenso lächerliches wie abstoßendes Bild von Gott und seinen Verehrern zu formen. Besonders die Psalmen machten mir in dieser Hinsicht zu schaffen: „Preiset den Herrn", „Oh, preiset mit mir den Herrn", „Preist Ihn". [...] Es glich abscheulich dem Ausspruch: „Nichts ist mir lieber, als wenn man mir sagt, dass ich gut und groß bin." [...] Und es schien nur auf die Quantität des Lobes anzukommen; „siebenmal des Tages preise ich dich" (119,164). Es war überaus betrübend. Es weckte Gedanken, die man am allerwenigsten denken mochte. Dankbarkeit, Verehrung, Gehorsam gegenüber Gott: das glaubte ich zu verstehen; nicht aber diese unaufhörliche Schönrederei. Und ein moderner Autor, der von Gottes „Recht" auf Lobpreis sprach, machte die Sache auch nicht besser.*[6]

Dies war also sein Dilemma. Lewis war ein junger Christ, der aufrichtigen Herzens auf der Suche war. Gleichwohl wurde ihm das Thema Anbetung zum Stolperstein. Warum möchte Gott gelobt und gepriesen werden? Warum will er immer das Zentrum der Aufmerksamkeit sein?

Dann bekam Lewis die Antwort auf seine Fragen: „Ich hatte nicht eingesehen, *dass Gott Seine Gegenwart dem Menschen eben dann mitteilt, wenn Er verehrt wird.* [...] Schon im Judentum war das Wesentliche am Opfer nicht, dass die Mensch Gott Stiere und Ziegen darbrachten, sondern dass sich Gott, wenn dies geschah, selbst den Menschen schenkte."[7] (Hervorhebung durch Carroll.)

Mit anderen Worten: Durch den Akt der Anbetung wurde Gott greifbar für sie.

Wie gut, dass Lewis diese wunderbare Entdeckung bereits so früh in seinem Glaubensleben machen durfte. Prägen Sie sich diesen Satz gut ein: „Indem Gott angebetet wird, offenbart er seine Gegenwart."

---

6 C.S. Lewis, *Das Gespräch mit Gott, Bemerkungen zu den Psalmen*, Benzinger Verlag, Einsiedeln, 1959, S. 122-124
7 ders., S. 126

## Was ist wahre Anbetung?

Was aber genau ist Anbetung? Der englische Begriff für Anbetung – *worship* – stammt vom Angelsächsischen *weorth-scipe*, was so viel bedeutet wie „einem Objekt einen Wert zuschreiben". Durch die Anbetung misst man dem angebeteten Objekt den ihm gebührenden Wert zu. Jesus Christus anzubeten bedeutet also, ihm Wert zuzuschreiben.

Da das Buch der Offenbarung der Schlüssel schlechthin zum Thema Anbetung Jesu Christi ist, sollten wir ein besonderes Augenmerk auf Offenbarung 4,10-11 legen:

> *So werden die vierundzwanzig Ältesten niederfallen vor dem, der auf dem Thron sitzt, und den anbeten, der von Ewigkeit zu Ewigkeit lebt, und werden ihre Siegeskränze niederwerfen vor dem Thron und sagen: Du bist würdig, unser Herr und Gott, die Herrlichkeit und die Ehre und die Macht zu nehmen, denn du hast alle Dinge erschaffen, und deines Willens wegen waren sie und sind sie erschaffen worden.*

Hier geht es um wahre Anbetung, wobei die Reihenfolge bemerkenswert ist. Das erste, wovon Vers 10 berichtet, ist der Kniefall der 24 Ältesten „vor dem, der auf dem Thron sitzt". Das geschieht zu allererst – und hat immer als Erstes zu geschehen. Der Kniefall versinnbildlicht die Unterordnung unter das Objekt der Anbetung. So ist hier die Rede davon, dass sie „niederfallen vor dem,

[...] der von Ewigkeit zu Ewigkeit lebt, und [...] ihre Siegeskränze niederwerfen vor dem Thron". Entscheidend ist die Reihenfolge: erst die Unterwerfung, dann das Niederwerfen der Siegeskränze vor dem Thron.

Zu der Zeit, als die Offenbarung verfasst wurde, geschah Folgendes, wenn ein König der militärischen Macht des Römischen Reiches unterlag: Entweder wurde er nach Rom gebracht, um sich vor dem Römischen Kaiser persönlich zu Boden zu werfen, oder er musste sich an Ort und Stelle vor einer eigens für diesen Zweck aufgerichteten Statue Cäsars niederwerfen und dieser dann seine Krone zu Füßen legen. Das war ein Akt totaler Unterwerfung, ein Akt der Abdankung zugunsten des römischen Kaisers. Hierauf nimmt der Apostel Johannes in Offenbarung 4 Bezug und gibt damit die zwei Grundbestandteile der Anbetung vor: Der erste ist die Unterwerfung unter das Objekt der Anbetung, der zweite die Niederwerfung der Krone zu Füßen dessen, der angebetet wird.

Welche Funktion erfüllt eine Krone? Die Krone zieht die Aufmerksamkeit auf denjenigen, der sie trägt. Sie verherrlicht ihn. Indem der Anbeter Jesu Christi seine Krone zu Jesu Füßen legt, drückt er folgende Haltung aus: „Ich möchte, dass du allein gepriesen und verherrlicht wirst." Die zweite Voraussetzung ist der Wunsch, allein zur Verherrlichung Christi zu leben.

Die erste Grundvoraussetzung wahrer Anbetung ist also die völlige Unterordnung. Zweitens muss es darum gehen, dass Christus allein verherrlicht wird. Und diese Voraussetzungen gilt es zunächst zu erfüllen.

In Offenbarung 4,11 heißt es weiterhin, dass die Ältesten demjenigen, der auf dem Thron sitzt, Wert zuschreiben, indem sie ihm sagen, dass er würdig ist. Das ist Anbetung: die Würdigung des Angebeteten![8]

> *„Du bist würdig, unser Herr und Gott, die Herrlichkeit und die Ehre und die Macht zu nehmen, denn du hast alle Dinge erschaffen, und deines Willens wegen waren sie und sind sie erschaffen worden."*

Was haben die Ältesten getan? Sie haben abgedankt und ihre Kronen und damit ihre eigene Herrlichkeit vor dem Thron mit den Worten niedergelegt: „Du bist würdig, die Herrlichkeit zu nehmen, nur du allein." Ehre und Macht folgen daraus ganz automatisch.

Dies sind genau die drei Dinge, nach denen der Mensch strebt. Er möchte herrlich und erhaben sein

---

8   Das Wort „Würde" entstammt dem mittelhochdeutschen *wirde* und ist damit sprachhistorisch mit dem Wort „Wert" verwandt. Im Englischen wird das durch die Verwandtschaft der Worte „worth – worthy" deutlich. Anmerkung der Übersetzerin. Siehe: Wolfgang Pfeifer (Hrsg.) u.a., *Etymologisches Wörterbuch des Deutschen*, Akademie Verlag GmbH, Berlin, 2. Auflage 1993, Deutscher Taschenbuchverlag GmbH & Co.KG, München (1995), Ausführungen zu „Würde", S. 1584. (Anm. d. Übers.)

sowie verehrt werden. Die Anbetung Jesu Christi erfordert daher, dass der Mensch sich seiner Sehnsucht nach Herrlichkeit und Ehre und Macht entledigt. Denn der Herr – und nur er allein – ist dieser Dinge würdig.

Eines der entscheidenden Kapitel der Bibel im Hinblick auf das Thema Anbetung ist Offenbarung 5. Vielleicht ist es sogar der absolut zentralste Text. Bemerkenswert ist auch hier die Reihenfolge in Vers 8: Alles beginnt wieder mit einem Akt der Unterordnung.

> *Und als es das Buch nahm, fielen die vier lebendigen Wesen und die vierundzwanzig Ältesten nieder vor dem Lamm, und sie hatten ein jeder eine Harfe und goldene Schalen voller Räucherwerk; das sind die Gebete der Heiligen.*

In Vers 9 schreiben sie Jesus Christus erneut Wert zu. Das ist Anbetung.

> *Und sie singen ein neues Lied und sagen: Du bist würdig, das Buch zu nehmen und seine Siegel zu öffnen; denn du bist geschlachtet worden und hast durch dein Blut für Gott erkauft aus jedem Stamm und jeder Sprache und jedem Volk und jeder Nation."*

Es ist ganz offensichtlich nur möglich, Gott wahrhaft anzubeten, wenn ihm die Herzen der Anbetenden völlig untertan sind.

*Und alle Engel standen rings um den Thron und die Ältesten und die vier lebendigen Wesen, und sie fielen vor dem Thron auf ihre Angesichter und beteten Gott an.*

(Offenbarung 7,11)

## WARUM ANBETUNG SO SCHWIERIG SEIN KANN

Anbetung ist nicht einfach, aber großartig! Meine langjährige Erfahrung ist, dass der Feind nichts lieber verhindern will als wahre Anbetung Gottes – lieber noch als Bitte und Fürbitte. Wenn er eines nicht will, dann ist es das: dass Sie und ich Jesus Christus anbeten.

### Die geistlichen Sinne schärfen

Anbetung ist deshalb so schwierig und umkämpft, weil von ihr ein so großer Segen ausgeht. Je mehr wir uns selbst in die Anbetung unseres Herrn hineingeben, desto näher und greifbarer wird er für uns sein – näher und greifbarer noch als unser bester Freund oder der Mensch, den wir am meisten lieben. Trotz dieser herausragenden Belohnung sind es erstaunlicherweise nur sehr wenige, die Jesus Christus wirklich anbeten. Die geistlichen Sinne der anderen Christen vermögen seine Gegenwart daher nicht deutlich wahrzunehmen.

Wir wissen, dass unser Körper über unterschiedliche Sinnesorgane verfügt. Doch auch unser Geist hat Sinne, mit denen er die Gegenwart Jesu Christi wahrzunehmen imstande ist. „Gott ist Geist" und kann nur im Geist und mithilfe unseres Geistes angebetet werden. Für viele Menschen stellt das eine besondere Herausforderung dar, weil wir ihn nicht mit den Augen sehen und nicht mit den Händen berühren können. Doch mit den Augen und Händen unseres geistlichen Menschen – mit unseren geistlichen Sinnen – können wir ihn erfassen.

## Den unbedingten Willen aufbringen

Es genügt nicht zu sagen: „Ich erkenne, dass es wahr ist, daher möchte auch ich ein Anbeter Gottes sein." Nein, denn wir sind nicht so, wie wir gerne sein möchten, sondern so, wie wir uns willentlich entschließen zu sein. Wir müssen daher den unbedingten Willen aufbringen, um jeden Preis ein Anbeter Christi sein zu wollen. Ohne diesen entschlossenen Akt des Willens gibt es keine wahre Anbetung.

Zu Beginn mag es etwas zaghaft anlaufen. Vielleicht haben Sie Gott gegenüber zum Ausdruck gebracht, dass er absolut würdig ist, nur um hinterher festzustellen: „Na ja, ich weiß nicht so recht. Ich habe getan, was ich konnte, aber es ist nichts passiert." Sie müssen beharrlich bleiben.

Ich kenne einen Christen aus Detroit, der einmal einen dramatischen Hotelbrand miterlebte, dem er nur mit schwersten Verbrennungen entkam. Als sich im Zuge seiner Genesung herausstellte, dass er sein Augenlicht unwiederbringlich verloren hatte, bekümmerte ihn lediglich die

Tatsache, dass er die Bibel nicht mehr würde lesen können. Also beschloss er, Blindenschrift zu lernen. Der Test seiner verbrannten und vernarbten Finger ergab jedoch, dass diese nicht mehr sensibel genug waren, um die Braille-Schrift abzutasten – ebenso wenig seine Zehen und seine Lippen. Nur seine Zunge hatte noch ausreichend Gefühl. Also las er die Bibel mit Hilfe seiner Zunge dreimal durch!

Wir schärfen unsere Sinne, indem wir sie gebrauchen.

Da wir in der Anbetung bewusst die Gegenwart Christi erleben, sollten wir gut auf die Stimme des Heiligen Geistes in uns achtgeben, wenn diese uns zur Anbetung auffordert. Immer, wenn ich in schweren Zeiten dem äußerlichen Druck nachgab und die Grundsätze der Anbetung vernachlässigte, litt mein geistliches Leben darunter. Stellte ich das fest, traf ich die Entscheidung, mich erneut der Anbetung des Lammes auf dem Thron hinzugeben.

### Prioritäten beibehalten

Als unser Herr in der Wüste versucht wurde, bediente sich der Feind sehr subtiler Strategien, um Jesus unter seine Herrschaft zu bringen.

> *Wiederum nimmt der Teufel ihn mit auf einen sehr hohen Berg und zeigt ihm alle Reiche der Welt und ihre Herrlichkeit und sprach zu ihm:*

*Dies alles will ich dir geben, wenn du niederfallen und mich anbeten willst.*

(Matthäus 4,8-9)

Es ist schon bemerkenswert, wie Satan hier vorgeht. Er sagt: „Ich werde dir alle Reiche der Welt und ihre Herrlichkeit geben. Alles, was ich möchte, ist, dass du niederfällst und mich anbetest. Nur das will ich."

Unglaublich schlau! Denn man dient demjenigen, den man anbetet. Was nützen uns die Reiche dieser Welt und ihre Herrlichkeit, wenn Satan uns im Griff hat? Der Herr hätte alle Reiche der Welt besessen, doch dafür hätte der Satan ihn besessen. Die Person, die wir anbeten, kontrolliert uns. Auch unter Menschen gilt dieses Prinzip. Oft hört man Sätze wie: „Sie betet ihren Mann an" oder „Er betet seine Frau an" oder „Sie beten ihren Sohn an". Diese Menschen leben für den, den sie anbeten. Demjenigen, den man anbetet, dient man auch. Ganz automatisch, ohne Zwang.

Die Bedeutung der entwaffnenden Aussage unseres Herrn in Vers 10 – „Du sollst den Herrn, deinen Gott, anbeten und ihm allein dienen" – wird noch durch die Reihenfolge der gebotenen Handlungen unterstrichen: zunächst anbeten, dann dienen. Anbetung geht dem Dienen automatisch voran.

Darauf folgt das Gebot: „Ihm allein sollst du dienen."

Nun mag man einwenden: „Aber ich diene doch meiner Gemeinde."

Nein, durch den Dienst in der Gemeinde dienen wir in erster Linie dem Herrn. Sie mögen vielleicht mit einigen Dingen, die in Ihrer Gemeinde laufen, unzufrieden sein, doch mit dem Herrn können Sie niemals unzufrieden sein. Er hat Sie in die Gemeinde gestellt, damit Sie ihm dort dienen.

Zehn Jahre lang durfte ich Missionare betreuen, die im Orient arbeiteten. Ich beriet sie mitunter in äußerst schwierigen Fragen und Situationen. Besonders in den ersten Jahren ihres Dienstes sahen sie sich oftmals scheinbar unüberwindbaren Hindernissen gegenüber.

Beispielsweise flüstert der Teufel den Geschwistern gerne ein: „Diese Einheimischen sind unaufrichtig und hinterlistig. Der Dienst an ihnen ist vergebliche Liebesmühe. Für solche Menschen wollt ihr euer Leben opfern?"

Doch in Wahrheit ist der Einsatz des Lebens für die Einheimischen ein Dienst für Jesus Christus. Das ist ein großer Unterschied.

Bezeichnete der Apostel Paulus nicht sich selbst und seine Mitarbeiter als „Knechte Jesu Christi"?

Ein echter Missionar wird von einer Person getragen – von Jesus Christus. Er allein kann ihn am Leben erhalten, versorgen und durchs Feuer retten. Denn ein Missionar macht regelmäßig Bekanntschaft mit dem Feuer. Nichts anderes wird ihm helfen. Der Missionar kann zwar aufgeben, seinen Kampfeswillen verlieren oder das Missionsfeld verlassen. Doch wenn er oder sie in einer innigen Beziehung mit dem Herrn Jesus lebt und weiß, was es heißt, ihn anzubeten und ihm zu dienen, wird der Missionar nicht unterliegen.

Je mehr wir unseren Herrn anbeten, ihn lieben und dieser Liebe durch den Dienst an anderen Menchen Ausdruck verleihen, desto stärker wird unser Verlangen nach wahrer Anbetung und Treue im Dienst wachsen.

2. Korinther 3,17-18 enthält einen der Schlüssel zu einem effektiven Dienst:

> *Der Herr aber ist der Geist; wo aber der Geist des Herrn ist, ist Freiheit. Wir alle aber schauen mit aufgedecktem Angesicht die Herrlichkeit des Herrn an und werden so verwandelt in dasselbe Bild von Herrlichkeit zu Herrlichkeit, wie es vom Herrn, dem Geist, geschieht.*

Hudson Taylor nennt diesen Prozess „verwandelt durchs Schauen". Aber worin verwandelt? Verwandelt ins Ebenbild desjenigen, der angebetet wird – in ein Christus ähnliches Bild. So einfach. Und trotzdem so herrlich!

Wenn es dem innersten Bestreben des Heiligen Geistes entspricht, dass wir Jesus anschauen, dass wir mit ihm emporgehoben werden und ihn anbeten, dann folgt daraus, dass der Geist Gottes uns dem Objekt der Anbetung ähnlicher macht.

Jeder, der sich im Bereich Mission ein wenig auskennt, weiß, dass heidnische Völker zuerst sehen wollen, bevor sie hören. Sie wollen sehen, dass etwas anders ist. Und warum sollten wir ihnen das Recht verwehren, in der Person des Missionars Christus zu erblicken? Und wenn der Missionar ein Anbeter Jesu ist, dann wird genau dies auch geschehen.

Ich kenne eine bemerkenswerte gläubige Frau in Japan. In ihrer Funktion als Ärztin begegnete sie einem Missionar, in dem Christus ganz offensichtlich wohnte. Dieses Zusammentreffen weckte in ihr das Verlangen, Christus kennenzulernen.

Die Organisation *Dohnavur Fellowship* ist eine der bekanntesten Missionsgesellschaften der Welt. Jeder, der die Gründerin dieser Gesellschaft, Amy Carmichael, kannte, war beeindruckt von ihrem Wunsch, dass in allem, was unter der Flagge von *Dohnavur* geschah, das „Urbild auf dem Berge" sichtbar sein sollte.

Als eine größere Kapelle benötigt wurde, entschied sie nach intensivem Gebet, dass sie mitten auf dem Missionsgelände errichtet werden sollte. Und sie sollte zwei Turmspitzen haben. Sehr ungewöhnlich! Eine Turmspitze war ja durchaus Standard, aber warum ausgerechnet zwei? Der Herr selbst hatte den Grund dafür geliefert. Der vordere Turm am Kapelleneingang sollte die Anbetung symbolisieren. Und die hintere Turmspitze stand für den Dienst. Der Anblick dieser beiden

Türme sollte stets daran erinnern, dass Anbetung die zwingende Voraussetzung des Dienstes ist.

Amy Carmichael selbst diente 40 Jahre lang, ohne sich auch nur einmal eine Pause zu gönnen. Kein Wunder, dass Gottes Segen auf der Arbeit von *Dohnavur Fellowship* ruhte.

Sicherlich haben Sie auch die bekannte Vision des Propheten Jesaja vor Augen, die uns in Jesaja 6,1 überliefert ist. Dort heißt es, dass Jesaja im Todesjahr des Königs Usija sah, wie der Herr „auf hohem und erhabenem Thron" saß. Außerdem sah er die Seraphim über ihm stehen, die ihn anbeteten. Jeder von ihnen hatte sechs Flügel. Mit zweien bedeckten sie ihre Gesichter und mit zwei weiteren die Füße. Die übrigen zwei dienten dem Fliegen, um den Willen des Anbetungswürdigen zu tun. Warum wohl flogen sie nicht mit allen sechs Flügeln? Hätten die Christen von heute sechs Flügel, würden die meisten von ihnen eines damit tun: fliegen, so schnell die Flügel sie trügen. Doch wohin?

Nein, vier Flügel sind für die Anbetung gedacht und nur zwei für den Dienst.

Die Anbetung des erhöhten Herrn auf dem Thron befähigte die Seraphim zum wirksamen und demütigen Dienst. Die diesbezüglichen Prioritäten sind schlichtweg nicht diskutabel: zuerst die Anbetung, dann der Dienst.

Ich danke dir, du wahre Sonne,
Dass mir dein Glanz hat Licht gebracht;
Ich danke dir, du Himmelswonne,
Dass du mich froh und frei gemacht;
Ich danke dir, du güldner Mund,
Dass du mich machst gesund.

*Nach John Wesley*

## 3. Ein aufrichtiges Herz

*Es gibt keinen nach außen wirksamen Dienst ohne Anbetung im Inneren des Heiligtums.*

nach Alexander McLaren

Im Zuge meines ersten Japan-Aufenthalts war ich einer der Referenten auf einer Konferenz, die in der Nähe des Fujiyama stattfand. Ich hatte schon viel über diesen mächtigen Berg, der von den Japanern verehrt wird, gehört und war gespannt, ihn einmal in natura zu sehen. Auf dem Weg zum Gelände, auf dem die Konferenz stattfinden sollte, erzählte mir der Missionsleiter vom Fujiyama.

„Vom Konferenzgelände aus dürften Sie den denkbar besten Ausblick auf den Berg haben. Besonders der Anblick am frühen Morgen ist atemberaubend. Stehen Sie also früh auf, damit Sie dieses Ereignis nicht verpassen."

Als wir ankamen, war die Umgebung in Nebel getaucht, sodass vom Fujiyama nichts zu sehen war. Aber der Missionsleiter bekräftige noch einmal:

„Wenn Sie morgens früh aufstehen, wird sich der Fujiyama in voller Schönheit zeigen."

Am nächsten Morgen befolgte ich seinen Rat. Als ich aus dem Fenster schaute, erblickte ich nichts als Nebel, der sich den gesamten Tag über hielt und das komplette Konferenzgelände einhüllte. Keine Spur vom Fujiyama. Der Berg war zwar da, aber man konnte ihn nicht sehen.

Am darauffolgenden Morgen wiederholte sich das Ganze: Ich stand früh auf und sah nichts als Nebel. Also sagte ich zu meinem Freund Rollie Reasoner: „Rollie, glaubst du, dass sich der Nebel noch auflöst? Meinst du, wir bekommen den Fuji je zu Gesicht?"

„Nur Geduld. Du musst einfach geduldig sein, Joe. Vielleicht morgen." Doch am nächsten Morgen war alles wie zuvor: Nebel, wohin das Auge reichte. Fast hatte ich die Hoffnung schon aufgegeben. Am letzten Tag der Konferenz stand ich nicht ganz so früh auf, trat ans Fenster und sah ihn: wunderschön, kegelförmig, mit schneebedeckter Spitze. Fasziniert betrachtete ich ihn und bekam plötzlich eine Ahnung davon, warum die Japaner diesen Berg verehrten.

## ANBETUNG DES HERZENS

Der Fujiyama war immer da. Doch er war im Nebel verschwunden und entzog sich meinem Blick. Gott ist immer da, wenn wir ihn anbeten. Doch es kann sein, dass wir ihn niemals in seiner Herrlichkeit, Schönheit und Allmacht erblicken, so sehr wir es uns auch wünschen. Warum ist das so? Der Nebel eines geteilten Herzens hindert uns daran, ihm auf angemessene Weise nahe zu kommen.

Es war einmal eine Prinzessin, die ihre Großmutter besuchte. Die Prinzessin platzte einfach so herein und sprang auf den Schoß dieser sehr vornehmen Frau. Augenblicklich ließ die Großmutter sie zu Boden gleiten und schalt sie: „Betritt bitte den Raum so, wie es sich für eine Prinzessin geziemt."

Also wiederholte die getadelte Prinzessin den Vorgang, indem sie eintrat und höflich knicksend darum bat, auf dem Schoß der Großmutter Platz nehmen zu dürfen.

Es gibt eine angemessene Art und Weise, sich Gott zu nähern. Doch wie sieht das konkret aus? In Hebräer 10,22 heißt es: „Lasst uns herzutreten mit wahrhaftigem Herzen."

Die erste Voraussetzung, um angemessen in die Gegenwart Gottes einzutreten, ist ein wahrhaftiges Herz. Wir loben Gott zwar mit unseren Lippen, doch Anbetung geschieht in unserem Herzen.

In Matthäus 15,7-8 bezeichnete unser Herr die Menschen zu Jesajas Lebzeiten als Heuchler oder Schauspieler: „Heuchler! Treffend hat Jesaja über euch geweissagt, indem er spricht: ‚Dieses Volk ehrt mich mit den Lippen, aber ihr Herz ist weit entfernt von mir.'"

Welch ein Vorwurf! Aber was war ihr Problem? Sie hatten zwar ein Bekenntnis, aber keine Hingabe. Angemessene und zielführende Anbetung setzt Hingabe voraus, die Hingabe eines aufrichtigen Herzens.

## Was ist das Herz?

In welchem Zusammenhang spricht die Schrift von unserem Herzen? Hierzu wollen wir zunächst drei unterschiedliche Bibelstellen betrachten.

> *Und der Herr sah, dass die Bosheit des Menschen auf der Erde groß war und alles Sinnen der Gedanken seines Herzens nur böse den ganzen Tag.*

(1. Mose 6,5)

Wenn wir vom Herzen sprechen, ist der Verstand gemeint, „die Gedanken des Herzens".

> *Und es reute den Herrn, dass er den Menschen auf der Erde gemacht hatte, und es bekümmerte ihn in sein Herz hinein.*

(1. Mose 6,6)

Neben dem Verstand bezeichnet das Herz auch die Emotionen, denn Kummer ist ein Gefühl.

> *Und der Herr roch den wohlgefälligen Geruch, und der Herr sprach in seinem Herzen: Nicht noch einmal will ich den Erdboden verfluchen um des Menschen willen.*

(1. Mose 8, 21)

Gott, der Herr, sprach in seinem Herzen: „Ich will nicht." Mit anderen Worten ist das Herz der Sitz dreier Elemente unseres Wesens: Verstand, Gefühl und Wille. Handley Moule (1841-1920), der bekannte evangelikale Lehrer, sagte einmal über das Herz: „Es ist das Organ unserer Persönlichkeit" (bestehend aus Verstand, Gefühl und Wille).

## Was ist ein aufrichtiges Herz?

Nun haben wir den Begriff des Herzens und dessen Gebrauch in der Schrift hinreichend geklärt. Doch was ist dann ein aufrichtiges Herz? Wenn wir diese Voraussetzung nicht bedenken und umsetzen, können wir uns Gott nicht wirklich auf angemessene Art und Weise nähern. Auch die Erfahrung wahrer Anbetung bleibt uns vorenthalten. Ich will damit nicht sagen, dass wir nicht in die Gegenwart Gottes treten können. Das können wir. Doch es ist uns nicht möglich, Gott so anzubeten, wie er es möchte. Es ist mehr Schein als Sein – das ist alles. Das Wort Gottes macht ganz deutlich, dass es bei der Anbetung in erster Linie um den Akt des Sich-Niederwerfens geht, das heißt um Unterordnung. Nur mit aufrichtigem, zur Unterordnung bereitem Herzen können wir uns Gott anbetend nähern. Anderenfalls ist unsere Anbetung nicht angemessen.

Bischof Westcott (1825-1901), Autor eines klassischen Werkes über den Hebräerbrief, definierte ein aufrichtiges Herz als ein „Herz, das die ganzheitliche Hingabe eines Menschen gegenüber Gott zum Ausdruck bringt, gekennzeichnet durch ungeteilte Loyalität und vorbehaltloses Gefühl."[9]

Das ist vollkommene und restlose Selbstaufgabe, die den ganzen Menschen umfasst: Verstand, Gefühl und Wille.

Ein weiterer Lehrer, dem wir eine grundlegende Abhandlung über den Hebräerbrief zu verdanken haben, ist Adolph Saphir (1831-1891). Er schreibt in diesem Zusammenhang Folgendes: „Was ist mit dem Ausdruck ‚ein aufrichtiges Herz' gemeint? Nur ein ungeteiltes Herz ist aufrichtig. [...] Ein aufrichtiges Herz ist niemals selbstzufrieden, sondern es ruht in sich, weil es sich damit begnügt, dass Jesus sein Alles ist."[10]

Andrew Murray (1828-1917), Verfasser eines Andachtsbuches über den Hebräerbrief, formuliert in diesem Zusammenhang: „Das Herz ist die zentrale Kraft des menschlichen Organismus. Die Beschaffenheit des Herzens bestimmt das Wesen der Person, in der es wohnt. [...] Unser Innerstes muss ihm treu und aufrichtig ergeben sein. Nur wenn das Trachten, Suchen und Lieben des Herzens auf Gott gerichtet ist und es seine Freude an ihm hat, kann der Mensch sich Gott nahen."[11]

---

9 übersetzt nach: B.F. Westcott, *The Epistle to the Hebrews* (reprint, Grand Rapids: Eerdmans, 1977), 322.

10 übersetzt nach: Adolph Saphir, *The Epistle to the Hebrews* (New York: Loizeaux Brothers, n.d.), 665-66

11 übersetzt nach: Andrew Murray, *The Holiest of All* (Old Tappan, N.J.: Fleming H. Revell, n.d.), 369

Vielleicht denken Sie jetzt: „Kann ich es überhaupt wagen, auf ein aufrichtiges Herz zu hoffen? Kann ich denn das Trachten meines Herzens ausreichend auf den Herrn fixieren? Kann mein ganzes Herz mit aller Kraft Gott suchen, sodass ihm auch meine ganze Liebe und meine ganze Freude gehört? Ist das wirklich möglich?"

Wenn Sie von ganzem Herzen nach einem aufrichtigen Herzen streben, werden Sie es auch bekommen. Die Entscheidung liegt bei Ihnen. Denn Gott befähigt, wen er beruft. Durch seinen Heiligen Geist lebt er in Ihnen, damit Sie seinen Anforderungen gerecht werden können. Eines ist sicher: Ohne die Kraft des Heiligen Geistes wäre der Wunsch nach einem aufrichtigen Herzen reine Utopie. Doch dank der Leitung des Geistes ist es genau das, was Gott uns geben möchte und wird.

## ABRAHAMS HINGABE

1. Mose 22,1-2 berichtet uns von der Hingabe Abrahams. Doch wir wollen uns einmal präzise anschauen, was genau Abraham hingibt.

> *Und es geschah nach diesen Dingen, da prüfte Gott den Abraham. Und er sprach zu ihm: Abraham! Und er sagte: Hier bin ich! Und er sprach: Nimm deinen Sohn, deinen einzigen, den du liebhast, den Isaak, und ziehe hin in das Land Morija, und opfere ihn dort als Brandopfer auf einem der Berge, den ich dir nennen werde!*

Was sagt Gott zu Abraham? „Du musst Isaak töten. Du musst ihn mir als Brandopfer hingeben. Deinen einzigen Sohn, den du liebst, musst du auf den Altar legen." Was für eine Prüfung! Doch wir tun gut daran zu bedenken, dass Gott einen Menschen segnen möchte, wenn er ihn prüft. Die Prüfung ist unglaublich hart. Doch wenn er sie besteht, wird nicht nur er, sondern werden durch ihn auch ganze Völker gesegnet werden.

**Sein Herz**
Bevor Abraham gehorsam sein kann, muss er dem Herrn zunächst drei Bereiche ganz bewusst unterstellen. Der erste Bereich ist sein Verstand. Das, was Gott von ihm verlangt, ergibt gar keinen Sinn. Es widerspricht jeglicher Vernunft. Warum? Isaak ist der Sohn der Verheißung. Er ist ein lebendes Wunder. Alles hängt von Isaak ab. Und jetzt verlangt Gott von Abraham, Isaak zu töten. Nun, bestimmt würde Gott ihn wieder auferwecken. Doch warum muss Isaak erst sterben, damit Gott ihn am Ende wieder lebendig macht? Das erscheint komplett sinnlos.

Deshalb ist es unumgänglich, dass Abraham Gott zunächst seinen Verstand ausliefert. Abraham musste sich dem Befehl aus Sprüche 3,5 beugen: „Vertraue auf den Herrn mit deinem ganzen Herzen und stütze dich nicht auf deinen Verstand!"

Dies ist ein göttliches Gebot. Es ist ein Gebot, das wir immer und täglich vor Augen haben sollten, wenn wir geneigt sind, uns auf unser eigenes Denken und die Errungenschaften des menschlichen Intellekts zu verlassen. Denn Tag für Tag stehen wir in der Gefahr, zu Opfern eines subtilen, menschenzentrierten, religiösen Humanismus zu werden. Der Verstand ist der erste Gott hinzugebende Bereich.

Als nächstes muss Abraham seine gesamte Gefühlswelt samt seiner Vaterliebe auf den Altar legen. Er liebt Isaak. Demzufolge muss er Gott sein ganzes Empfinden unterstellen.

Schlussendlich kostet es ihn die Hingabe des Willens. Er muss den Willen Gottes über seinen eigenen Willen stellen.

Was verlangt Gott also insgesamt betrachtet von Abraham? Er verlangt die Hingabe seines Herzens – seines Verstandes, seines Gefühls und seines Willens – damit er den Willen Gottes tun kann. Darin besteht die Prüfung. Und genau darin besteht auch die Prüfung für uns heute. Auch für uns heißt es, sich von den eigenen Wünschen zu verabschieden, damit Gott uns geben kann, was er möchte.

Wenn es eines gab, das sich Abraham wirklich wünschte, dann war es die Bewahrung Isaaks. Seinen Sohn opfern, den einzigen, den er liebte? Alles, nur das nicht! Doch wie reagierte Abraham? Trommelte er seine Freunde zusammen und verkündete: „Wir müssen eine Gebetsgemeinschaft halten. Ich muss den Herrn zu einer wichtigen Entscheidung befragen, die ich zu treffen habe"?

Nichts dergleichen. „Da machte sich Abraham früh am Morgen auf" (1. Mose 22,3). Er zog los in unverzüglichem, unbedingtem und zweifelsfreiem Gehorsam gegenüber dem geoffenbarten Willen Gottes. Wenn Gott spricht, müssen wir nicht beten. Natürlich können wir um Gnade bitten, aber wir müssen nicht um Führung ringen.

Wann haben Sie dem Herrn Ihr Herz hingegeben? Die Unterordnung auf Verstandes- und Gefühlsebene, die nicht den Willen umfasst, ist keine Hingabe. Wann haben Sie diese alles umfassende Hingabe vollzogen? Haben Sie ein aufrichtiges Herz? Das ist es, was Gott möchte, und das ist es auch, was man bei uns vorzufinden hat. Das ist der Imperativ schlechthin.

## Sein Dienst

> *Da machte sich Abraham früh am Morgen auf, sattelte seinen Esel und nahm seine beiden Knechte mit sich und seinen Sohn Isaak. Er spaltete Holz zum Brandopfer und machte sich auf und ging an den Ort, den Gott ihm genannt hatte. Am dritten Tag erhob Abraham seine Augen und sah den Ort von ferne. Da sagte Abraham zu seinen Knechten: Bleibt ihr mit dem Esel hier! Ich aber und der Junge wollen dorthin gehen und anbeten und zu euch zurückkehren.*
>
> (1. Mose 22,3-5)

Aus diesem Text können wir drei Aspekte herausarbeiten, die in jedem Dienst zu finden sein sollten. Abraham war im Gehorsam gegenüber Gottes geoffenbartem Willen losgezogen. Wir wählen unseren Dienst nicht selbst aus. Gott zeigt uns durch den Heiligen Geist, wo er uns im Dienst haben möchte. Und dieser Berufung sollten wir dann auch unverzüglich folgen, ohne sie in Zweifel zu ziehen. Als nächstes lesen wir, dass er ging, um anzubeten. Und zum Schluss heißt es, dass er es im Glauben tat. Drei Aspekte können wir also erkennen: Er ging im Gehorsam, er ging, um anzubeten, und er ging im Glauben: „Ich aber und der Junge wollten dorthin gehen und anbeten und zu euch zurückkehren." Er ist bereit, ihn zu opfern. Ja, aber er glaubt, dass Gott ihn von den Toten auferwecken wird, weil Gott zu seinem Wort steht.

Was für ein Glaube! Haben wir solch ein Vertrauen in Gottes Wort? Glauben wir, dass er hält, was er verspricht, selbst wenn dafür ein Wunder nötig wäre?

## Sein Altar

> *Und Abraham nahm das Holz zum Brandopfer und legte es auf seinen Sohn Isaak, und in seine Hand nahm er das Feuer und das Messer. Und sie gingen beide miteinander. Da sprach Isaak zu seinem Vater Abraham und sagte: Mein Vater! Und er sprach: Hier bin ich, mein*

*Sohn. Und er sagte: Siehe, das Feuer und das Holz! Wo aber ist das Schaf zum Brandopfer? Da sagte Abraham: Gott wird sich das Schaf zum Brandopfer ersehen, mein Sohn. Und sie gingen beide miteinander. Und sie kamen an den Ort, den Gott ihm genannt hatte. Und Abraham baute dort den Altar und schichtete das Holz auf. Dann band er seinen Sohn Isaak und legte ihn auf den Altar oben auf das Holz.*

(1. Mose 22,6-8)

Sie kamen an den Ort, den Gott ihnen angewiesen hatte und Abraham baute einen Altar. Wahrscheinlich zitterten ihm dabei die Hände und Tränen rannen ihm die Wangen herab. Aber er baute ihn. Um Gott auf angemessene Art und Weise anzubeten, werden wir dasselbe tun müssen. Wir werden eigenhändig einen Altar bauen müssen – mit den Händen unseres Herzens. Doch wir werden nicht unseren Isaak darauflegen müssen, sondern uns selbst als lebendiges Opfer zur Ehre Gottes. Als Abraham sein Bauwerk vollendet hatte, legte er genau das auf den Altar, was er am meisten liebte: seinen einzigen Sohn.

*Und Abraham streckte seine Hand aus und nahm das Messer, um seinen Sohn zu schlachten.*

(1. Mose 22,10)

Der Moment war gekommen. Der Altar war fertig gestellt und das Opfer gebunden. Nun hebt er das Messer. Doch was geschieht jetzt?

> *Da rief ihm der Engel des Herrn vom Himmel her zu und sprach: Abraham, Abraham! Und er sagte: Hier bin ich! Und er sprach: Strecke deine Hand nicht aus nach dem Jungen, und tu ihm nichts! Denn nun habe ich erkannt, dass du Gott fürchtest, da du deinen Sohn, deinen einzigen, mir nicht vorenthalten hast. Und Abraham erhob seine Augen und sah, und siehe, da war ein Widder hinten im Gestrüpp an seinen Hörnern festgehalten. Da ging Abraham hin, nahm den Widder und opferte ihn anstelle seines Sohnes als Brandopfer. Und Abraham gab diesem Ort den Namen „der Herr wird ersehen", von dem man heute noch sagt: Auf dem Berg des Herrn wird ersehen. Und der Engel des Herrn rief Abraham ein zweites Mal vom Himmel her zu und sprach: Ich schwöre bei mir selbst, spricht der Herr, deshalb, weil du das getan und deinen Sohn, deinen einzigen, mir nicht vorenthalten hast, darum werde ich dich reichlich segnen und deine Nachkommen überaus zahlreich machen wie die Sterne des Himmels und wie der Sand, der am Ufer des Meeres ist; und deine Nachkommenschaft wird das Tor ihrer Feinde in Besitz nehmen. Und in deinem Samen werden sich segnen alle Nationen der Erde dafür, dass du meiner Stimme gehorcht hast.*
>
> (1. Mose 22,11-18)

„Ich schwöre bei mir selbst, spricht der Herr, deshalb, weil du das getan [...] hast." „Das"? Was tat Abraham denn? Er opferte Gott sein Herz. Abraham hatte schon vieles getan. Er hatte seine Heimat verlassen. Er hatte seine Verwandtschaft zurückgelassen. Er war zum heimatlosen Wanderer geworden. Er führte ein Nomadenleben. Er hatte schon vieles in Kauf genommen. Aber alle diese Opfer mündeten in dieses größte Opfer, den größten Akt der Hingabe. Dies ist der Test, der alles entscheidende Test. „Deshalb, weil du das getan [...] hast, [...] [werden] in deinem Samen [...] sich segnen alle Nationen der Erde."

Was für ein Segen! Durch einen Mann mit aufrichtigem Herzen werden alle Nationen der Erde gesegnet!

### HINGEGEBENE KNECHTE

Als ich auf einer Konferenz in Südamerika war, erzählte mir ein Missionsleiter von seinem Gespräch mit einem bekannten Bibelschullehrer. „Die Missionare, die Sie uns schicken, sind nicht mehr so, wie wir es von Ihrer Bibelschule ursprünglich gewohnt waren", hatte der Missionsleiter angemerkt.

„Nun", entgegnete der Bibelschullehrer schlicht, „die Qualität der Schüler ist auch nicht mehr dieselbe."

Und warum? Weil wir Gottes Ansprüche verwässern. Wir belassen es bei statistischen Erwägungen (bei säkularen Konzepten), während Gott ein ungeteiltes Herz verlangt. Denn ohne ein solches Herz kann niemand mit Heiligem Geist erfüllt sein und Gott angemessen anbeten. Doch wenn sich ein Mensch dem verändernden Wirken des Heiligen Geistes ausliefert und in seinem Inneren dadurch ein ungeteiltes Herz entsteht, kann Gott ganze Völker durch ihn segnen.

Es folgen nun fünf Beispiele von Menschen, die sich ungeteilten Herzens Gott zur Verfügung stellten.

## D.L. Moody

Was war das Geheimnis im Leben des D.L. Moody? Einmal hörte er den britischen Evangelisten Henry Varley sagen: „Die Welt wird noch mit eigenen Augen sehen, was Gott durch einen Menschen bewirken kann, der sich ganz dem Herrn geweiht hat."[12]

Die Antwort D.L. Moodys lautete: „Mit Gottes Hilfe und durch Gottes Gnade will ich dieser Mensch sein."

Wir alle wissen, wie Gott D.L. Moody gebraucht hat. Und warum? Weil er brillant war? Weil er so überaus begabt war? Weil er gebildet war? Nein, er war ein Mann mit ungeteiltem Herzen, auf den die Wahrheit aus 2. Chronik 16,9 zutraf: „Denn des Herrn Augen durchlaufen die ganze Erde, um

---

12 übersetzt nach: *More Than 2.000 Great Quotes and Illustrations,* zusammengestellt von George Sweeting (Dallas: Word, 1985), S. 142; vgl. S. 85

denen treu beizustehen, deren Herz ungeteilt auf ihn gerichtet ist."

Es liegt nicht an dem, was wir für Gott tun können. Es geht um das, was Gott für und durch uns tun wird, wenn wir ein ungeteiltes Herz haben. Auf solche Männer und Frauen wartet er. Und wenn Gott sie gefunden hat, erweist er sich als der Starke an ihrer Seite. Wir dürfen nie vergessen, dass es nicht darum geht, was wir für Gott tun können. Die Frage ist, was er für uns und durch uns zu seiner Ehre tun möchte.

Wir müssen unser Herz ungeteilt auf ihn richten. In unserem Leben muss es einen Altar geben, auf dem wir unseren Verstand, unsere Gefühle und unseren Willen dargebracht haben. Nur dann können wir Männer oder Frauen Gottes sein, die Gott als seine bewährten und vertrauenswürdigen Boten gebraucht.

## Graham Scroggie

In den 1950er Jahren erlebte ich Graham Scroggie als Prediger auf der *Keswick Convention*, einer jährlich im britischen Keswick stattfindenden überkonfessionellen Konferenz. Als Meister der Auslegungspredigt hielt er seine Botschaft ungemein kraftvoll. Doch fast mehr noch als seine Botschaft beeindruckte mich der Mensch Graham Scroggie: seine Intensität, seine spürbare Liebe zu Christus, seine einmalige Einsicht in die Zusammenhänge der Schrift. Das fast greifbare Wirken des Heiligen

Geistes durch diesen Mann hinterließ einen starken Eindruck auf mich.

Nachdem er seine erste Predigt beendet hatte, gab er noch ein persönliches Zeugnis. Während eines Dienstes war er einmal von einer plötzlichen Krankheit heimgesucht worden. Da sich sein Zustand nicht besserte, suchte er einen Arzt auf und fragte ihn um Rat. Der Arzt stellte die Diagnose und eröffnete ihm, dass es wohl die beste Medizin sei, seine Predigttermine abzusagen. Ansonsten sähe er keine Genesungschance. In seiner Not schrie Scroggie zum Herrn. Danach ergab sich eine Gelegenheit zum Gespräch mit seinem Freund und Vertrauten Grattan Guiness aus Irland.

Kurz danach erreichte ihn ein sehr ungewöhnlicher Brief, den Guiness unter dem Drängen des Heiligen Geistes verfasst hatte. „Scroggie", fragte dieser, „hast du dich jemals unserem Herrn Jesus Christus ganz hingegeben?" Richtet man eine solche Frage an einen berühmten Prediger? Es ist eine sehr entscheidende Frage, die man eigentlich jedem einmal stellen sollte.

Scroggie antwortete: „Nun, in allgemeiner Hinsicht schon irgendwann, ja."

Und wieder kam ein Brief, in dem es hieß: „Gut, dann mach das jetzt noch einmal. Dieses Mal aber bewusst und gezielt."

Erneut suchte Scroggie das Angesicht des Herrn. Und in der Abgeschiedenheit seiner Gegenwart wurde ihm eine Tatsache schmerzlich und überwältigend bewusst: Er erkannte, dass er für seine Predigtdienste und für seinen Ruf als berühmter Prediger lebte. Das war es, was dem Herrn Kummer machte. Unter Tränen bekannte er es ihm und gab sich selbst ganz bewusst und gezielt hin, um ein Mann Gottes zu sein und nicht mehr nur Scroggie. Daraufhin erlebte er Heilung und durfte noch viele Jahre lang Gottes Wort in Vollmacht verkündigen.

Wann haben Sie diese Hingabe an Jesus Christus vollzogen? Vielleicht würden Sie wie Dr. Scroggie entgegnen: „Nun, in allgemeiner Hinsicht schon irgendwann, ja." Dann sage ich Ihnen: Tun Sie es noch einmal, und zwar dieses Mal ganz bewusst und gezielt – ein für alle Mal. Geben Sie Ihr ganzes Selbst auf. Verstand, Gefühl und Wille gehören ganz bewusst und gezielt unter die Herrschaft Christi.

## F.B. Meyer

Einen weiteren, zu Lebzeiten sehr berühmten Bibellehrer, F.B. Meyer, gebrauchte Gott nicht nur in England, sondern weltweit. Er war äußerst begabt und hatte einen sehr scharfen Verstand.

Bereits als junger Mann eilte ihm sein Ruf voraus. Einmal besuchte er eine Abschiedsveranstaltung zugunsten einiger Cambridge-Absolventen, die nach China ausreisen wollten – bekannt als die *Cambridge Seven*. Einer von ihnen war ein junger Kerl namens Charles Studd, der zum damaligen Zeitpunkt Kapitän des englischen Kricketteams und somit der berühmteste Sportler Englands war. Jetzt wollte er dem Sport den Rücken kehren, um mit der *China Inland Mission* nach China zu gehen.

Als dieser Mann sein Zeugnis gab, hörte F.B. Meyer besonders aufmerksam zu. Doch prägnanter als das, was er hörte, war das, was er sah und fühlte. Denn es war nur zu offensichtlich, dass C.T. Studd ein Mann war, der in völliger Hingabe gegenüber Jesus Christus lebte.

Eine Aussage C.T. Studds bringt die Essenz seines Wesens vielleicht am besten auf den Punkt: „Wenn Jesus Christus Gott ist und für mich starb, dann kann kein Opfer zu groß sein, das ich für ihn auf mich nehme."[13]

Nach dieser Feier ging F.B. Meyer auf C.T. Studd zu und sagte: „Offensichtlich haben Sie etwas, das mir fehlt, etwas, das ich noch brauche. Was könnte das sein?"

C.T. Studd betrachtete ihn und sagte ihm in seiner typisch direkten Art auf den Kopf zu: „Haben Sie jemals alles, was Sie sind und haben, an Jesus Christus ausgeliefert?"

F.B. Meyer dachte einen Moment nach und erwiderte: „Ja, das habe ich." Doch eine leise Stimme in seinem Inneren entgegnete: „Nein, das hast du nicht."

Völlig aufgewühlt verließ er die Veranstaltung, eilte nach Hause, kniete sich vor seinem Bett nieder

---

13 übersetzt nach: Norman Grubb, *C.T. Studd, Cricketer & Pioneer* (Ft. Washington, PA: Christian Literature Crusade, 1982), S. 132

und begann zu beten. Während er betete, schien es ihm, als käme der Herr zu ihm und sagte: „Meyer, ich möchte alle Schlüssel zu deinem Herzen haben."

F.B. Meyer begann mit dem Herrn zu diskutieren. „Müssen es denn wirklich alle Schlüssel sein?"

„Ja, Meyer, ich will sie alle."

Ein wenig hinterlistig ergriff F.B. Meyer einen Schlüsselbund und übergab ihn ihm. Doch man kann den Herrn nicht hinters Licht führen. F.B. Meyer berichtete später, dass ihm in diesem Moment so war, als nähme der Herr die Schlüssel an sich und zähle sie sorgfältig durch. Danach hob er den Blick und sah Meyer unverwandt an: „Ein Schlüssel fehlt. Und wenn ich nicht Herr über alles bin, bin ich nicht dein Herr." Mit diesen Worten wandte er sich zum Gehen.

In seiner Not schrie F.B. Meyer: „Herr, geh nicht fort! Warum verlässt du mich?"

Die Antwort kam prompt: „Wenn du mich nicht Herr über alles sein lässt, bin ich nicht dein Herr."[14]

„Aber Herr, es ist doch nur ein winzig kleiner Schlüssel, nur ein ganz kleiner Winkel meines Herzens."

Und wieder folgte dieselbe Antwort: „Wenn du mich nicht Herr über alles sein lässt, bin ich nicht dein Herr."

In seiner Verzweiflung gab F.B. Meyer den letzten Schlüssel heraus. Und was geschah dann? Er

---

14 übersetzt nach: ders., S. 46

wurde zu dem geistgeleiteten Menschen, der anderen Menschen weltweit zum Segen wurde. Auch heute noch werden seine Bücher überall auf der Welt gelesen.

Das war die Krise, der Wendepunkt seines Lebens. Er musste einen Altar bauen und F.B. Meyer darauf legen. Jeder einzelne Schlüssel musste den Besitzer wechseln.

### Archibald Brown

Zu Lebzeiten C.H. Spurgeons gab es noch andere bekannte Prediger. Einer von ihnen war Archibald Brown. Bis zu dem Zeitpunkt, als der Heilige Geist in seinem Herzen zu wirken begann, war er zwar ein begabter, aber kein herausragender Verkündiger. Doch irgendwann ereigneten sich entscheidende Dinge in seinem Leben. Eines Abends, als er in seinem Studierzimmer saß, war er plötzlich äußerst verwirrt, weil Gott begonnen hatte, zu ihm zu reden. Er war so durcheinander, dass er am oberen Treppenabsatz das Gleichgewicht verlor und die Treppe hinunterstürzte. Als er wieder zu sich kam und ihm klar wurde, was passiert war, rief er. „Herr, verlange irgendetwas von mir!" – „Nein, ich will nicht irgendetwas, sondern alles." Dieses Erlebnis machte aus dem begabten Prediger Archibald Brown den so vollmächtigen Verkündiger.

Natürlich sind wir nicht alle zum Predigen berufen, aber wir alle brauchen ein dem Herrn in Anbetung ergebenes Herz. Denn Anbetung ist das größte Vorrecht, das ein Mensch auf geistlichem Gebiet auszuüben vermag und gleichzeitig die notwendigste aller Voraussetzungen für jegliche Art des Dienstes.

## Nikolaus von Zinzendorf

Erweckung ist eine Sache, die wir heutzutage bitter nötig haben – dessen sind wir uns wahrscheinlich alle bewusst. Wenn Sie sich mit den unterschiedlichen Erweckungsbewegungen auskennen, dann wissen Sie auch, dass die Erweckung, die unter Graf von Zinzendorf in Mähren im Jahre 1727 stattfand, zu den am tiefsten greifende der Kirchengeschichte gehört.[15] Und was war der Schlüssel zu dieser bedeutenden Entwicklung? Es war die Anbetung des geopferten Lammes.

Als junger Mann besuchte Graf von Zinzendorf eine deutsche Gemäldegalerie. Während er die kostbaren Kunstwerke betrachtete, wurde seine Aufmerksamkeit von einem Gemälde besonders angezogen. Dem Museumswärter, der immer wieder seine Runden drehte, fiel dieser junge Mann irgendwann auf, weil er Stunde um Stunde wie gebannt auf dieses Bild starrte. Als die Galerie schließen wollte, saß der junge Graf immer noch da. Schließlich ging der Wärter auf den jungen Mann zu und legte ihm die Hand auf die Schulter. Soeben wollte er ihn darüber informieren, dass er die

---

15 übersetzt nach: A. Kenneth Curtis, *A Golden Summer: The Moravian Renewal of 1727*, November 2011, http://www.zinzendorf.com

Räumlichkeiten nun zu verlassen habe, als er die Tränen bemerkte, die über die Wangen des Grafen rannen. Das riesige Gemälde, vor dem er saß, zeigte das geschlachtete Lamm Gottes, und darunter standen die Worte: „Das tat ich für dich. Was tust du für mich?" Vor dem Bild des gekreuzigten Christus hatte der Heilige Geist zu ihm gesprochen. Und von diesem Tag an hatte Nikolaus von Zinzendorf ein gebrochenes Herz.

Was ist ein aufrichtiges Herz? Ein aufrichtiges Herz ist ein gebrochenes Herz. Zerbrochen am eigenen Ich und dem Herrn dargebracht.

Anbetung sei dem Herrn,
in all seiner Schönheit und Heiligkeit,
Kniet vor ihm nieder,
verkündigt laut seine Herrlichkeit.
Mit güldenem Gehorsam und
wohlriechender Ehrerbietung
kniet vor ihm nieder und betet ihn an.
Denn sein Name ist Herr.

*nach John Monsell*

# 4. Offenbarung 4 und 5

*Offenbarung und Anbetung sind die Grundlage für alles andere.*

nach W.H. Griffith Thomas

Ein tiefes Verständnis der Kapitel 4 und 5 der Offenbarung ist eine grundlegende Hilfe im Zusammenhang mit wahrer Anbetung des Herrn. Denn in diesen beiden Kapiteln darf der Leser einen kurzen Blick in den Himmel werfen. Zunächst führt uns Kapitel 4 den Einen vor Augen, der auf dem Thron sitzt. Kapitel 5 betrachtet dann das Lamm.

## Auslegung von Offenbarung 4

### Die Vision Gottes

> *Nach diesem sah ich: Und siehe, eine Tür, geöffnet im Himmel, und die erste Stimme, die ich gehört hatte wie die einer Posaune, die mit*

*mir redete, sprach: Komm hier herauf! Und ich werde dir zeigen, was nach diesem geschehen muss. Sogleich war ich im Geist: und siehe, ein Thron stand im Himmel, und auf dem Thron saß einer. Und der da saß, war von Ansehen gleich einem Jaspisstein und einem Sarder, und ein Regenbogen war rings um den Thron, von Ansehen gleich einem Smaragd.*

(Offenbarung 4,1-3)

Im ersten Vers erhält Johannes einen Befehl, der von einer Stimme mit dem Klang einer Posaune ausgeht, der Stimme des Herrn. Er lautet: „Komm hier herauf!" Somit ist für eine bessere Beobachterposition des Johannes gesorgt. Dann ist Johannes „sogleich im Geist" und erblickt „einen Thron, der im Himmel stand, und auf dem Thron saß einer".

Danach versucht Johannes, die Herrlichkeit und Erhabenheit des Einen auf dem Thron zu beschreiben – Gott selbst. In Vers 3 schreibt er deshalb: „[Er] war von Ansehen gleich einem Jaspisstein und einem Sarder." Wir können sicher davon ausgehen, dass es sich bei einem Jaspisstein um einen kristallklaren Edelstein, also einen Diamanten handelte. Ein Sarder oder, wie sich das Wort auch übersetzen lässt, ein Kornelstein, war möglicherweise ein Rubin. Auf jeden Fall war es ein roter Stein. Diese zwei Steine symbolisieren die Herrlichkeit und das Opfer Gottes.

Danach schildert Johannes einen „Regenbogen rings um den Thron, von Ansehen gleich einem Smaragd". Der Regenbogen ist das Zeichen der Bundestreue Gottes. Er bedeutet, dass Gott in seiner Treue zu seinem Bund steht. Der Regenbogen, der nach der großen Flut am Himmel erschien, drückte Gottes Treue und Barmherzigkeit aus. Sehr bemerkenswert und auch tröstlich ist die Tatsache, dass das äußere Erscheinungsbild dieses Regenbogens um den Thron der eines Smaragdes war. Denn die grüne Farbe des Smaragdes ist stets ein Symbol der göttlichen Barmherzigkeit.

Hier sehen wir also das herrliche Wesen auf dem Thron sitzen, das die Barmherzigkeit in Person ist. Bei seinem Versuch, diesen Anblick zu beschreiben, spricht Johannes von der Herrlichkeit, vom Opfer, von der Barmherzigkeit und der Treue des Einen, der auf dem Thron sitzt.

## Die Vision des Thrones

> *Und rings um den Thron sah ich vierundzwanzig Throne, und auf den Thronen saßen vierundzwanzig Älteste, bekleidet mit weißen Kleidern, und auf ihren Häuptern goldene Siegeskränze. Und aus dem Thron gehen hervor Blitze und Stimmen und Donner; und sieben Feuerfackeln brennen vor dem Thron, welche die sieben Geister Gottes sind. Und vor dem Thron war es wie ein gläsernes Meer, gleich Kristall; und inmitten des Thrones und*

> *rings um den Thron vier lebendige Wesen, voller Augen vorn und hinten. Und das erste lebendige Wesen war gleich einem Löwen und das zweite lebendige Wesen gleich einem jungen Stier, und das dritte lebendige Wesen hatte das Angesicht wie das eines Menschen, und das vierte lebendige Wesen war gleich einem fliegenden Adler. Und die vier lebendigen Wesen hatten, eines wie das andere, je sechs Flügel und sind ringsum und inwendig voller Augen, und sie hören Tag und Nacht nicht auf zu sagen: Heilig, heilig, heilig, Herr, Gott, Allmächtiger, der war und der ist und der kommt.*
>
> (Offenbarung 4,4-8)

In Vers 4 wird beschrieben, dass der zentrale Thron von 24 weiteren Thronen umgeben war, auf denen 24 Älteste saßen. Im Hinblick auf die Identität dieser Ältesten sind sich die Ausleger nicht ganz einig. Ich meine allerdings, wir dürfen davon ausgehen, dass damit die Vertreter aller Gläubigen gemeint sind. Ein Thron ist immer ein Sinnbild für Autorität, Macht, Führungsaufgabe und Bedeutsamkeit. Immerhin geht es nicht nur um die 24 Ältesten, sondern auch um die 24 Kronen, die diese auf den Häuptern tragen. Eine Krone hat immer etwas mit Sieg zu tun. Diese 24 Personen sind Sieger. Das rückt das Gesamtbild in ein klares Licht. Inmitten dieser 24 Throne befindet sich der majestätische Thron Gottes. Auf den 24 Thronen, die um den zentralen Thron angesiedelt sind, sitzen die Ältesten, die Vertreter der Gläubigen aller Zeitalter. Danach lesen wir in Vers 5: „Und aus dem Thron gehen hervor Blitze und Stimmen und Donner; und sieben Feuerfackeln brennen vor dem Thron, welche die sieben Geister Gottes sind." Bemerkenswert ist die Tatsache, dass der Geist Gottes mit Feuer assoziiert wird – das Feuer des Geistes, das alles Sündige verzehrt. Das deutet auf die siebenfache Fülle der Macht des Geistes hin. Hier haben wir also die Feuerfackeln, die Blitze und die Stimmen im Zentrum, um die herum sich die 24 Throne scharen.

Dieser fünfte Vers erinnert uns unter anderem an die Bundestreue Gottes. Der Regenbogen steht für den Bund mit Noah. Die Feuerfackeln nehmen Bezug auf den Bund mit Abraham. Der Donner und die Blitze sind wiederum ein Hinweis auf den Bund am Sinai.[16]

In Vers 6 kommt dann das Bild des Meeres hinzu. „Und vor dem Thron war es wie ein gläsernes Meer, gleich Kristall; und inmitten des Thrones und rings um den Thron vier lebendige Wesen, voller Augen vorn und hinten." Das „gläserne Meer" ist eine treffende Versinnbildlichung des Wortes Gottes. Später ist die Rede von den Märtyrern, die auf diesem Meer stehen wie auf Kristall. Es ist ein riesiges Meer. Und dieses gewaltige, weite

---

16  siehe 2. Mose 19,16-20

Meer befindet sich direkt zu Füßen des Thrones und weist nicht nur auf den Ewigkeitswert und die Reinheit des Wortes Gottes, sondern auch auf die Distanz hin, die zwischen Gott selbst und dem Anbeter besteht.

In der heutigen Zeit tendiert man dazu, von einer eher unheiligen Vertrautheit mit Gott im Sinne eines kumpelhaften Schulterschlusses auszugehen. Diese Einstellung wird man jedoch bei keinem vorfinden, der sich mit dem Buch der Offenbarung befasst hat. Für manche ist Gott lediglich eine Instanz, die Menschen zu ihren eigenen Bedingungen rettet und ihnen dann dabei hilft, ihr Leben nach ihrem eigenen Dafürhalten zu führen. Und wenn dann einmal Schwierigkeiten auftreten, schafft er Abhilfe. Dieses Gottesbild ist nicht biblisch. Er ist der allmächtige Gott des Universums, und er hat seinen einzigen Sohn nicht zur Sühne unserer Schuld hingegeben, damit wir ein Leben nach eigener Façon, sondern zu seiner Ehre führen. Dieser Allmächtige auf dem Thron, zu dessen Füßen sich das gläserne Meer erstreckt, ist der Herr der Herrlichkeit.

Anschließend heißt es dann in den Versen 6 und 8: „vier lebendige Wesen […] je sechs Flügel und ringsum und inwendig voller Augen. Und sie hören Tag und Nacht nicht auf zu sagen: Heilig, heilig, heilig, Herr, Gott, Allmächtiger, der war und der ist und der kommt!"

Diese vier Wesen repräsentieren alles Mächtige und Grandiose der Schöpfung. Die sechs Flügel und Augen stehen dabei für unablässiges Beschäftigtsein.

## Die Anbetung Gottes

Sodann folgt eine Passage, auf die wir bereits Bezug genommen haben. Es handelt sich um einen sehr bedeutsamen Abschnitt:

> *Und wenn die lebendigen Wesen Herrlichkeit und Ehre und Danksagung geben werden dem, der auf dem Thron sitzt, der da lebt von Ewigkeit zu Ewigkeit, so werden die vierundzwanzig Ältesten niederfallen vor dem, der auf dem Thron sitzt, und den anbeten, der von Ewigkeit zu Ewigkeit lebt, und werden ihre Siegeskränze niederwerfen vor dem Thron und sagen: Du bist würdig, unser Herr und Gott, die Herrlichkeit und die Ehre und die Macht zu nehmen, denn du hast alle Dinge erschaffen, und deines Willens wegen waren sie und sind sie erschaffen worden.*

(Offenbarung 4,9-11)

Wie reagiert der Himmel auf diesen atemberaubenden Anblick? Die angemessene Reaktion auf die enthüllte Herrlichkeit und Majestät Gottes ist immer das Niederfallen, die Geste der Unterwerfung. Ausnahmslos! Warum kommt es immer wieder vor, dass Menschen sich Gott nicht unterwerfen wollen? Das liegt daran, dass sie ihn nicht wirklich kennen, wie er ist. Denn in dem Moment, in dem man das wahre Wesen Gottes erkennt, fällt man automatisch vor Ehrfurcht, Liebe, Anbetung und Unterwerfung nieder.

Im nächsten Kapitel, in Offenbarung 5,8, taucht dasselbe Prinzip noch einmal auf:

> *Und als es das Buch nahm, fielen die vier lebendigen Wesen und die vierundzwanzig Ältesten nieder vor dem Lamm, und sie hatten ein jeder eine Harfe und goldene Schalen voller Räucherwerk; das sind die Gebete der Heiligen.*

In Offenbarung 4 ist die Rede vom Niederfallen vor dem Einen, der auf dem Thron sitzt – Gott selbst. Offenbarung 5 spricht dagegen von der Geste der Unterwerfung gegenüber dem Lamm – dem auferstandenen Christus. Einen Blick auf die Herrlichkeit Gottes zu erhaschen bedeutet, sich seiner Herrschaft ganz zu unterstellen. Ebenso wenig, wie es wahre Anbetung ohne Unterordnung gibt, gibt es kein echtes Christsein ohne Unterordnung unter die Herrschaft Jesu.

Anbetung schreibt demjenigen Wert zu, den man anbetet. Man beachte, dass die Wesen ihn hier als Schöpfer anbeten, weil der Eine, der auf dem Thron sitzt, der Schöpfer ist. „Du bist würdig, unser Herr und Gott."

Nicht ohne Grund ist dies die Anrede, die der römische Kaiser zu dieser Zeit für sich beanspruchte. Domitian ließ sich mit dem Titel „Herr und Gott" ehren. Doch es gibt nur einen Herrn und Gott, und nur er ist würdig zu nehmen die Herrlichkeit, Ehre und Macht. Wie wir bereits festgestellt haben, sind diese drei Dinge genau die Prädikate, nach denen die Menschen streben, doch nur dem Schöpfer gebühren Herrlichkeit, Ehre und Macht.

Dr. Paul White, ein treuer Diener des Herrn, war Missionar in Afrika, bis er aufgrund einer schweren Erkrankung nach Hause zurückkehren musste. Neben seiner Autorentätigkeit, im Zuge derer er Klassiker wie „Unter dem Buyubaum" schrieb, war er auch ein sehr gefragter Redner. Einmal predigte er zu dem Thema: „Was bedeutet es, ein Christ zu sein?" Eine seiner Aussagen lautete: „Christsein ist wie die Mitgliedschaft in einem Club. Der Eintritt in den Club kostet nichts, aber der Jahresbeitrag fordert von dir alles, was du hast."

## AUSLEGUNG VON OFFENBARUNG 5

### Einer ist würdig, die Siegel zu öffnen

*Und ich sah in der Rechten dessen, der auf dem Thron saß, ein Buch, innen und auf der Rückseite beschrieben, mit sieben Siegeln versiegelt. Und ich sah einen starken Engel, der mit lauter Stimme ausrief: Wer ist würdig, das Buch zu öffnen und seine Siegel zu brechen? Und niemand in dem Himmel, auch nicht auf der Erde, auch nicht unter der Erde konnte das Buch öffnen noch es anblicken. Und ich weinte sehr, weil niemand für würdig befunden wurde, das Buch zu öffnen noch es anzublicken. Und einer von den Ältesten spricht zu mir: Weine nicht! Siehe, es hat überwunden der Löwe aus dem Stamm Juda, die Wurzel Davids, um das Buch und seine sieben Siegel zu öffnen.*

(Offenbarung 5,1-5)

Hier findet ein Szenenwechsel statt. Johannes sieht nun den Einen, der ein Buch in der Hand hielt, das nicht nur innen, sondern auch auf der Rückseite beschrieben und mit sieben Siegeln verschlossen ist. Warum aber sieben Siegel? Versiegelt war es wegen der Geheimnisse, die in ihm verborgen waren. Außerdem macht die Versiegelung deutlich, dass Gott das letzte Wort über die Angelegenheiten dieser Welt gebührt – einschließlich der Dinge, die die Zukunft betreffen.

Und der starke Engel rief: „Wer ist würdig, das Buch zu öffnen und seine Siegel zu brechen?" Die Antwort erfahren wir gleich im Anschluss: „Niemand in dem Himmel, auch nicht auf der Erde, auch nicht unter der Erde konnte das Buch öffnen noch es anblicken." Das Wort „würdig" meint hier die moralische Eignung. Denn in der himmlischen Welt gilt die moralische Eignung als die wahre Stärke. Denjenigen, die moralisch gesehen geeignet sind, gibt Gott Einblick in seinen geoffenbarten Willen.

Aus welchem Grund aber weinte Johannes? Er weinte, weil er verstehen wollte, was es mit dem Buch auf sich hatte, aber niemand gefunden wurde, der es öffnen und das Geheimnis lüften konnte – nicht ein Einziger im ganzen Universum. Hierin liegt eine erschütternde Wahrheit: Gott wird seine Botschaft niemandem anvertrauen, den er nicht für würdig erachtet.

Manchmal werde ich gefragt: „Warum unterrichten Sie eigentlich High-School-Absolventen und College-Absolventen in ein und derselben Bibelschulklasse?" Die Antwort ist einfach. Ein College-Diplom qualifiziert niemanden für die Offenbarung der biblischen Wahrheit. Es ist der Geist Gottes, der Einsicht in die Schrift geben muss. Die Qualifikation dafür ist moralischer, nicht akademischer Natur. Die College-Ausbildung trainiert nur den Verstand. Doch um dem Herrn wirklich dienen zu können, muss die Herzensbildung stimmen.

Die Verdrängung der geistlichen Qualifikation durch die akademische ist eine der Gefahren unserer Zeit. Viele glauben, dass akademische Errungenschaften uns auch auf geistlichem Gebiet befähigen. Eine solche Auffassung hat nichts mehr mit Wahrheit zu tun. Moralische Befähigung ist die einzige Voraussetzung für den Zugang zu geistlichen Wahrheiten: ein heiliger Lebenswandel, ein Leben unter der Herrschaft des Heiligen Geistes, der allein den Willen Gottes offenbaren und Einsicht in sein Wort geben kann. Die moralische Befähigung ist die Grundvoraussetzung dafür.

## Der einzig Würdige

In den Versen 5 und 6 werden wir Zeugen einer der großartigsten Szenen im Buch der Offenbarung.

> *Und einer von den Ältesten spricht zu mir: Weine nicht! Siehe, es hat überwunden der Löwe aus Juda, die Wurzel Davids, um das Buch und seine sieben Siegel zu öffnen.*

> *Und ich sah inmitten des Thrones und der vier lebendigen Wesen und inmitten der Ältesten ein Lamm stehen, wie geschlachtet, das sieben Hörner und sieben Augen hatte; die sind die sieben Geister Gottes, ausgesandt über die ganze Erde.*

Dieser Text spricht vom Lamm Gottes, das sich für diese Aufgabe verwendet. Warum übernimmt es diesen Part? Es ist der Einzige, der dazu in der Lage ist. In erster Linie verleiht ihm der Sieg über den Tod die nötige Befähigung dazu. In einem Atemzug sind auch sein Sieg über die Finsternismächte, sein Gehorsam gegenüber dem Vater und sein tadelloses Leben zu nennen. Denn diese Punkte befähigen ihn zur Erkenntnis und zur Verkündigung der Geheimnisse Gottes. Seine Qualifikation umfasst sogar die zukünftigen Ereignisse. Was für einen wundervollen Herrn dürfen wir doch haben!

Inmitten des Thrones geht das Lamm hervor. An dieser Stelle wird es mit zwei Ehrentiteln belegt: der Löwe aus dem Stamm Juda und die Wurzel

Davids. Das Bild des „Löwen" ist ein Hinweis auf Stärke und Macht und kann somit als Wahrzeichen des allmächtigen Messias gelten. „Die Wurzel Davids" bezieht sich auf den Titel „Sohn Davids" und verweist darauf, dass Jesus der verheißene Messias ist. Jesus ist also der Löwe aus dem Stamm Juda. Doch im selben Atemzug wird er als das „Lamm" beschrieben, das steht „wie geschlachtet". Johannes sah ein Lamm, ein kleines Tier. Mit dem Bild des Löwen verbinden wir Stärke, Majestät und Macht. Der Löwe ist ein kraftvolles Tier. Aber hier steht ein Lamm. Was hat das zu bedeuten? Dieses Begriffspaar drückt Stärke aus, die sich in scheinbarer Schwäche manifestiert: ein kleines Lamm inmitten des Thrones. Die Schrift stellt uns hier ein absolut erstaunliches Bild vor Augen: Ein Lamm als Inbegriff von Schwäche und Wehrlosigkeit sitzt auf einem Thron – dem Symbol der Macht!

Weiterhin heißt es, dass die 24 Ältesten vor dem Lamm mit den sieben Hörnern niederfallen. Hier taucht wieder ein anderes Bild auf, das unsere Vorstellung vom Lamm Gottes noch vollständiger macht, weil es einen neuen Aspekt aufwirft. Immer wenn die Schrift von Hörnern spricht, assoziiert sie damit Macht und Stärke. Die sieben Hörner symbolisieren die vollkommene Macht – die Allmacht. Danach lesen wir von den sieben Augen des Lammes. Das Lamm ist also nicht nur allmächtig, sondern auch allwissend. Die sieben Augen sind ein Hinweis auf die Allwissenheit des Gotteslammes.

Das Lamm Gottes, das hier hervortritt, besitzt sieben Hörner als Symbol der Allmacht sowie sieben Augen, die vollkommenes Wissen und Allgegenwärtigkeit versinnbildlichen. Das Lamm ist also allmächtig, allwissend und allgegenwärtig.

An dieser Stelle erhalten wir eine alles umfassende Vision des Gotteslammes: der Löwe aus dem Stamm Juda, die Wurzel Davids, der verheißene Messias, der Eine, dem alle Macht und alles Wissen gegeben ist. Er ist es, dessen Stärke keiner etwas entgegenzusetzen hat und dessen allwissendem Blick niemand entkommen kann.

## DER LOBPREIS DES LAMMES

Die Verse 7-14 beschreiben den Lobpreis des Lammes in drei Begebenheiten, aufgeteilt in die Verse 9-10, 11-12 und 13.

> *Und es kam und nahm das Buch aus der Rechten dessen, der auf dem Thron saß. Und als es das Buch nahm, fielen die vier lebendigen Wesen und die vierundzwanzig Ältesten nieder vor dem Lamm, und sie hatten ein jeder eine Harfe und goldene Schalen voller Räucherwerk; das sind die Gebete der Heiligen.*

(Offenbarung 5,7-8)

Rufen wir uns noch einmal kurz in Erinnerung, dass die vier Geschöpfe die Schöpfung repräsentieren und die 24 Ältesten für die Gesamtheit aller

Gläubigen stehen. Sie stehen vor dem Lamm, das das Geheimnis des Lebens in Händen hält. Der erhöhte Christus, das allwissende und allmächtige Lamm, befindet sich im Zentrum. Und wie sieht die Reaktion auf diese Schau des Gotteslammes aus? Die Anwesenden reagieren – mit Anbetung.

Wie kommt es, dass viele Menschen weder Gott noch das Lamm anbeten? Weil sie keine wahre Vorstellung vom Wesen Gottes haben. Sie wissen weder, wer Gott, noch wer Christus in Wahrheit ist. Denn wer ihn schaut, wie er wirklich ist, reagiert mit Anbetung.

Die Ältesten haben Harfen und goldene Schalen „voller Räucherwerk; das sind die Gebete der Heiligen". Im Alten Testament ist die Harfe das Instrument, das typischerweise für das Lob Gottes verwendet wurde. Es begleitete denjenigen, der Gott Loblieder sang. Diese Passage enthält ein wunderbares Bild der dargebrachten Gebete der Heiligen. Angesichts dieser überwältigenden Manifestation der Macht, Stärke, Majestät und Herrlichkeit des Lammes stimmen die 24 Ältesten ein neues Lied an – eines der drei großen Loblieder:

> *Und sie singen ein neues Lied und sagen: Du bist würdig, das Buch zu nehmen und seine Siegel zu öffnen; denn du bist geschlachtet worden und hast durch dein Blut für Gott erkauft aus jedem Stamm und jeder Sprache und jedem Volk und jeder Nation und hast sie unserem Gott zu einem Königtum und zu*

*Priestern gemacht, und sie werden über die Erde herrschen!*

(Offenbarung 5,9-10)

Dies ist das großartigste Lob, das das Universum jemals gehört hat: das Lied der Erlösten. Am Anfang preisen die vier Geschöpfe und die 24 Ältesten das Lamm dafür, dass es würdig ist, geschlachtet und gekreuzigt worden zu sein. Durch sein Blut hat es diejenigen, die ihn preisen, aus jedem Stamm, jeder Sprache, jedem Volk und jeder Nation für Gott erkauft. Gewaltig ist die Universalität der Errettung, die hier verdeutlicht wird: jeder Stamm, jede Sprache, jedes Volk, jede Nation.

Ergänzend hierzu wollen wir nun das Lob der Engel betrachten, die in den großen Lobpreis mit einstimmen:

> *Und ich sah: und ich hörte eine Stimme vieler Engel rings um den Thron her und um die lebendigen Wesen und um die Ältesten; und ihre Zahl war Zehntausende mal Zehntausende und Tausende mal Tausende, die mit lauter Stimme sprachen: Würdig ist das Lamm, das geschlachtet worden ist, zu empfangen die Macht und Reichtum und Weisheit und Stärke und Ehre und Herrlichkeit und Lobpreis.*

(Offenbarung 5,11-12)

Die Zahlen dürfen hier nicht wörtlich genommen werden. Sie bezeichnen eine unbeschreiblich große, unzählbare Schar von Engeln, die in den zweiten Lobpreis mit einstimmen. Hier verschmelzen die Stimmen der Engelscharen und der Ältesten zu einem Lobgesang, der in das siebenfache, also vollkommene Rühmen der Herrlichkeit Gottes mündet.

In Vers 13 folgt dann das abschließende Lob des gesamten Universums. Es ist mehr als das Lied alles Lebendigen. Es ist der Lobgesang der ganzen Schöpfung.

> *Und jedes Geschöpf, das im Himmel und auf der Erde und unter der Erde und auf dem Meer ist, und alles, was in ihnen ist, hörte ich sagen: Dem, der auf dem Thron sitzt, und dem Lamm den Lobpreis und die Ehre und die Herrlichkeit und die Macht von Ewigkeit zu Ewigkeit!*
>
> (Offenbarung 5,13)

Jeder Vogel, jeder Grashalm, jeder Berg und jeder Fluss, der die Herrlichkeit Gottes preist – so beschreiben die Juden gerne den Lobpreis der ganzen Schöpfung. Hier also werden wir Zeugen davon, dass die gesamte Schöpfung in das große Lob Gottes einstimmt und ihrer eigentlichen Bestimmung nachkommt. Denn wozu hat Gott die Schöpfung gemacht? *Gott möchte, dass jedes Geschöpf den Einen und das Lamm auf dem Thron anbetet.* Werden wir diesem Ansinnen Gottes gerecht? Zählen wir zu der Schar, die weiß, worum es bei der Anbetung Gottes und des Lammes auf dem Thron geht?

Das Lied der Erlösten, das die Engel aufnehmen und erwidern, mündet hier in einen vollkommenen Ausdruck des Gotteslobes. Zunächst singen die Erlösten und die Engel dem Herrn der Schöpfung ihr Lob entgegen. Doch dann tönt das Echo aus allen Winkeln und von jeder Ausprägung der Schöpfung. Die komplette Schöpfung, ob lebendig oder unbeseelt, bringt Lob und Anbetung hervor.

Wenn Sie ihn anbeten, vergessen Sie nie, dass sein Erlösungswerk für alle Stämme, Völker, Sprachen und Nationen gilt. Wenn er sich Ihnen als das Lamm Gott offenbart, das für alle geschlachtet wurde, wird der Geist Gott in Ihnen den Wunsch wecken, dass alle davon erfahren.

Die ersten beiden Lobgesänge gelten allein dem Lamm. Doch dieser letzte Lobgesang richtet sich an beide: den Einen, der auf dem Thron sitzt, und das Lamm. Die Verbundenheit der beiden taucht zwar in der Offenbarung immer wieder auf, doch hier manifestiert sich ihre Einheit im Lobpreis. Da es sich um zwei Personen einer Gottheit handelt, gebührt ihnen auch Anbetung und Ehrerbietung in gleicher Weise.

Nun wollen wir uns Vers 14 zuwenden, der den Lobpreis Gottes und des Lammes auf so wunderbare Weise zusammenfasst:

*Und die vier lebendigen Wesen sprachen: Amen! Und die Ältesten fielen nieder und beteten an.*

Und die vier lebendigen Wesen sagten „Amen". Dieses große „Amen!" unterstreicht die vier vorangegangenen Attribute – „Lobpreis ... Ehre ... Herrlichkeit ... Macht" – und lässt sie nachklingen. Jedes dieser Attribute verherrlicht das Lamm, und nach einem kurzen Innehalten bekräftigt das „Amen!" diese Zuschreibungen inhaltlich, lässt sie fortwirken und macht die Anbetung somit vollkommen.

Würdig das Lamm.<br>
Stimmt mit ein, all ihr Erlösten:<br>
Würdig ist das Lamm.<br>
Mächtig wie zehntausend Donner,<br>
mächtig wie tosende Wasser.<br>
Überwältigt, anbetend zu seinen Füßen:<br>
Würdig ist das Lamm.

Mit meiner Hand kann ich ihn fassen,
obwohl er weit entfernt.
Mein Auge kann ihn erkennen,
sei's dunkel oder hell.
Wenn ich erhebe meine Stimm',
reicht sie immer an sein Ohr.
Das ist Gebet!

Nach Samuel W. Duffield

# 5. Wie kann ich denn anbeten?

*Die schwierigste Disziplin im Leben eines Christen ist es, die Herrlichkeit des Herrn beständig und in ihrer wahren Größe vor Augen zu haben.*

nach Oswald Chambers

Nachdem wir uns eine gute Grundlage erarbeitet haben, können wir uns nun der konkreten Form der Anbetung widmen. Wie beten wir an? Was sollen wir tun? Anbetung setzt zunächst ein ungeteiltes Herz voraus, weil Anbetung immer Herzenssache ist. Ist diese Voraussetzung nicht gegeben, können wir uns Gott nicht in angemessener Weise nähern.

Darüber hinaus müssen unsere Hände rein sein. Verborgene Sünde ist ein Hemmschuh. Wir können nicht auf der einen Seite finstere Wege gehen und auf der anderen Seite Gemeinschaft mit dem Einen haben, der im Licht wohnt. Unvergebene Schuld blockiert den Zugang zu Gott in Anbetung. Ohne Gehorsam ist keine wahre Anbetung möglich.

## ANBETUNG HAT VORRANG

Auf die Frage, was Gebet ist, würden die meisten Menschen wahrscheinlich antworten: „Gebet ist, wenn man Gott um etwas bittet", oder „ein Gesuch", ein „Flehen" oder eine „Fürbitte". Manche würden vielleicht noch hinzufügen, dass auch Danken dazugehört. Doch schwerpunktmäßig ist man der Auffassung, dass man sich im Gebet an Gott wendet, wenn man eine Bitte auf dem Herzen hat. Dabei ignorieren wir geflissentlich die Priorität der Anbetung.

Die folgende Wortbetrachtung über das Gebet, die aus der Feder von Griffith Thomas stammt, arbeitet den Vorrang der Anbetung sehr deutlich heraus.

1. Gebet ist das *Empfinden von Bedürftigkeit (deesis, domai* und verwandte Formen). Das Substantiv *deesis* taucht 19 Mal auf, das Verb *deomai* 23 Mal. Diese Umschreibung ist wahrscheinlich die elementarste Bedeutung des Gebets und bedeutet wörtlich „Bitte an Gott".[17]

---

17 Worterläuterung eingefügt durch die Übersetzerin unter Verwendung folgender Nachschlagewerke:
Walter Bauer, Kurt Aland, Barbara Aland, *Wörterbuch zum Neuen Testament* (Englisch), (de Gruyter. 1988)
Gerhard Schneider, *Exegetisches Wörterbuch zum Neuen Testament (EWNT),* (Kohlhammer, 2011)

2. Gebet ist ein *Ausdruck von Sehnsucht (aiteo, aitema* = „bitten, verlangen")[18]. Diese griechischen Begriffe kommen an 74 einschlägigen Stellen vor.

3. Gebet verlangt einen *demütigen Geist*. Dieser Aspekt des Gebets kommt nur in Hebräer 5,7 zum Ausdruck, wo der Begriff *iketeria* Bezug auf das Gebet unseres Herrn im Garten Gethsemane nimmt und mit „Flehen" übersetzt wird.

4. Gebet setzt eine *innere Haltung der Weihe* voraus. In nicht weniger als 125 Stellen im Neuen Testament tauchen in diesem Wortsinn die Begriffe *proseuche* und *proseuchomai* auf. Es bezeichnet das Gebet im umfassendsten Sinn und basiert auf dem Grundgedanken der Weihe. Es setzt sich zusammen aus *euche* („geloben") und *pros* („Zuwendung des Glaubenden zu Gott") und bedeutet die alles umfassende und vollständige Hingabe an Gott, hebt insofern also die Anbetungshaltung des Gebets hervor.

5. Gebet ist das *Privileg der Gemeinschaft*. Diesen Gedanken drückt das Wort *enteuxis* aus, das nur zweimal im Neuen Testament vorkommt (1. Timotheus 2,1; 4,5). In 1. Timotheus 2,1

---

[18] Worterläuterung eingefügt durch Übersetzerin. Siehe Fußnote Nr. 17.

wird es mit „Fürbitte" übersetzt, in 1. Timotheus 4,5 mit „Gebet".

6. Gebet enthält eine *Anfrage*. Das Wort, das auf diese Facette des Gebets anspielt, ist *erotuo* (Johannes 16,23) und bedeutet „fragen, bitten".[19] Im Zusammenhang mit Gebet kommt dieses Wort nur einmal im Neuen Testament vor.

7. Gebet ist eine *innige Verbindung*. In Matthäus 18,19 lesen wir: „Wenn zwei von euch auf der Erde übereinkommen, irgendeine Sache zu erbitten ...". Das Wort, das hier mit „übereinkommen" übersetzt wird, heißt *sumphoneo*, von dem auch unser Wort „Symphonie" stammt.[20] Grundsätzlich bedeutet es „in Einklang stehen, einer Meinung sein, einträchtig sein".[21]

Vor dem Hintergrund des auffallend häufigen Gebrauchs des ursprachlichen *proseuche* oder *proseuchomai* im Neuen Testament im Sinne von „Weihe" können wir davon ausgehen, dass unser Gebetsleben von einer anbetenden Haltung

---

19 Worterläuterung eingefügt durch Übersetzerin. Siehe Fußnote Nr. 17.
20 übersetzt nach: W.H. Griffith Thomas: *Life Abiding and Abounding* (Chicago: Bible Institue Colportage Association, 1910), S. 33-41
21 Worterläuterung eingefügt durch Übersetzerin. Siehe Fußnote Nr. 17.

geprägt sein sollte. Thomas schreibt: „Das häufige Vorkommen dieser Begriffe deutet darauf hin, mit welcher Einstellung wir beten sollten. Mit der Einstellung eines Anbeters eben, der sich Gott mit ganzem Herzen und ganzer Seele zuwendet."[22]

Zu Lebzeiten war Bischof Westcott einer der herausragenden Bibellehrer. Darüber hinaus war er auch ein sehr demütiger Mann. Wenn er mit seinem Einspänner nach Durham kam, kehrte er den Menschen immer den Rücken zu, weil er sich nicht für würdig erachtete, sie anzusehen. Und dabei war er einer der besten Griechischlehrer und ein beeindruckender Mann Gottes.

Sein Sohn sagte einmal Folgendes über ihn: „In seinen letzten Lebensjahren schien mein Vater in zwei Welten gleichzeitig zu leben. Während er mit beiden Beinen fest auf dem Boden der Tatsachen stand, befand sich sein Geist in der Gegenwart Gottes. Alles, was ihm im Alltag begegnete, wurde in dieser Gegenwart besprochen. Deshalb gab es auch nichts, was ihn aus der Bahn werfen konnte."[23]

Er führte ein Leben unablässiger Anbetung, was zur Folge hatte, dass er sich ständig der Gegenwart des Herrn bewusst war. Das Leben in solch einer Haltung erfordert viel, ja, das stimmt. Aber es ist möglich.

---

22 übersetzt nach: *Life Abiding and Abounding*, S. 37
23 übersetzt nach einem Zitat aus: G.H. Morling, *Quest for Serenity* (Grand Rapids: Eerdmans, 1965), S. 36

# DIE VORBEREITUNG

## Abgeschiedenheit

Sie begeben sich in Ihre Kammer. Bei dieser Kammer handelt es sich, wie bereits erwähnt, um einen abgeschiedenen Ort. Das kann das Schlafzimmer oder das Arbeitszimmer oder einfach ein Ort in Ihrem Haus sein, den Sie eigens dafür vorgesehen haben. Auch ein Garten oder ein Feld eignen sich durchaus dafür. Was auch immer Sie zu Ihrer Kammer machen, es ist der Ort, an dem Sie den Herrn jeden Morgen aufsuchen, um in aller Abgeschiedenheit Gemeinschaft mit dem gegenwärtigen Herrn zu pflegen. Das sollte Priorität haben und zusätzlich zu einer Zeit des Bibelstudiums und der Fürbitte stattfinden. In der ersten Lektion, die uns unser Herr in Bezug auf das Beten gibt, heißt es in Matthäus 6,6: „Wenn *du* aber betest, so geh in *deine* Kammer, und nachdem *du deine* Tür geschlossen hast, bete zu *deinem* Vater, der im Verborgenen ist! Und *dein* Vater, der im Verborgenen sieht, wird *dir* vergelten!" Bei näherer Betrachtung dieses Verses fällt der häufige Gebrauch des Pronomens (hier kursiv) auf, das genau sieben Mal auftaucht und unterstreicht, wie persönlich und vertraut diese Lektion ist.

## Sünde

Die Zeit in der Kammer setzt ein aufrichtiges Herz voraus. Für bewusste und unvergebene Sünde ist hier kein Platz. Wir sollten nicht bis zur Stillen Zeit warten, bis wir uns mit unserer persönlichen Schuld befassen. Sünde muss unverzüglich bekannt werden. Sobald uns bewusst wird, dass wir den Geist betrübt oder etwas getan haben, was Gott nicht gefällt, sollten wir unbedingt innehalten und diesen Punkt bekennen, anstatt ihn vor uns herzuschieben und mit in die morgendliche Stille Zeit zu nehmen.

D.L. Moody war ebenfalls ein Verfechter der Regel, die Liste der „offenen Posten" so kurz wie möglich zu halten. Er selbst machte es sich zur Gewohnheit, den Tag mit dem Herrn Revue passieren zu lassen, bevor er zu Bett ging. Dabei bat er Gott darum, alles offenzulegen, was ihm missfallen hatte. Auf diese Art und Weise bereitete er schon die Anbetungszeit des nächsten Morgens vor.

## Der Heilige Geist

Der Heilige Geist ist derjenige, der unsere Herzen zur Anbetung bringen will. Anbetung geschieht also immer in Abhängigkeit vom Heiligen Geist. Philipper 3,3 gibt uns Aufschluss über die Rolle des Heiligen Geistes in der Anbetung: „... weil wir die echten Beschnittenen sind, wir, die Gott durch den Geist anbeten" (NeÜ), sagt Paulus dort.

Wahre Anbetung ist demnach nur möglich, wenn der Geist des Menschen vom Geist Gottes geleitet wird. Denn wie Arthur Pink einmal treffend formulierte: „Ebenso wenig, wie wir eine Welt erschaffen könnten, können wir ohne den Heiligen Geist beten."

## Konzentration

Wir betreten unsere Kammer, schließen die Tür hinter uns und sind allein mit unserem Herrn. Wir knien uns nieder und schließen die Augen, um uns mit all unserer Aufmerksamkeit dem Lamm Gottes zuzuwenden. Wir vergessen alles um uns herum, damit wir ihn nicht vergessen.

Ich habe Ihnen von dem einschneidenden Erlebnis in meiner Stillen Zeit berichtet, als ich zum ersten Mal erlebte, wie es war, sich ganz und gar auf den Herrn zu fixieren. Wenn Sie das ebenfalls versuchen, machen Sie sich auf eine aufwühlende Erfahrung gefasst. Unmengen von Gedanken werden durch Ihren Kopf rasen. Außerdem wird vieles andere plötzlich nach Aufmerksamkeit schreien. Sie müssen sich ganz auf den Herrn konzentrieren und ihm vertrauen, dass er Ihre Aufmerksamkeit bündelt und auf sich lenkt. Geben Sie nicht auf.

## Die Durchführung

Formulieren Sie Ihre Wertschätzung ihm gegenüber hörbar. Beten Sie laut.

## Verwendung der Schrift

Verwenden Sie Worte der Schrift und machen Sie sie zu Ihren eigenen Aussagen. Zitieren Sie zum Beispiel das Lied der Erlösten aus Offenbarung 5,9: „Du bist würdig, das Buch zu nehmen und seine Siegel zu öffnen; denn du bist geschlachtet worden und hast uns durch dein Blut für Gott erkauft."

Doch wie soll man diese Gedanken nun in die eigene Anbetung einbeziehen? Heben Sie Ihr ganzes Herz zum Herrn empor und sagen Sie ihm: „Du bist würdig, das Buch zu nehmen und seine Siegel zu öffnen; denn du bist um meinetwillen geschlachtet worden und hast mich durch dein Blut für Gott erkauft." Das Wort, dessen Sie sich bedienen, sollte individuell formuliert und auf Ihre eigene Situation passend geäußert werden.

Die Worte aus Offenbarung 5,12 könnte man in etwa so anpassen: „Du bist würdig zu nehmen Macht und Reichtum und Weisheit und Stärke und Ehre und Herrlichkeit und Lobpreis."

Die Psalmen sind eine wahre Fundgrube anbetender Worte. Nehmen wir beispielsweise Psalm 8,2. Dort schreibt der Psalmist: „Herr, unser Herr, wie herrlich ist dein Name auf der ganzen Erde."

Diesen Vers könnte man folgendermaßen individualisieren: „Oh Herr, mein Herr, wie herrlich ist dein Name auf der ganzen Erde." Man muss sich der Verse auch nicht notwendigerweise wortwörtlich bedienen. Die Worte der Schrift können uns auch sinngemäß als Grundlage für ganz eigene Formulierungen im Gebet dienen, in etwa so:

> *Oh Herr, du bist mein Gott. Denn du hast mich in deiner großen Gnade und Barmherzigkeit erlöst. Du hast mich erkauft. Du hast meinen Fuß aus der Schlinge gezogen. Du hast mich mit dir selbst versöhnt. O Herr, wie herrlich*

*und kostbar ist mir dein Name. Du, dessen herrlicher Name über aller Schöpfung thront, hast deinen einzigen Sohn ans Kreuz gegeben. Du hast ihn zum Sühnopfer für meine Schuld gemacht. Oh Herr, mein Herr, wie herrlich ist dein Name auf der ganzen Erde."*

Oder nehmen wir Psalm 19,2: „Die Himmel erzählen die Herrlichkeit Gottes, und das Himmelsgewölbe verkündet seiner Hände Werk." Wie würde man diese Worte für die eigene Anbetungszeit verwenden? „Die Himmel erzählen deine Herrlichkeit, und das Himmelsgewölbe verkündet deiner Hände Werk." Das ist Anbetung.

Psalm 36 beginnt beispielsweise so:

*Herr, an die Himmel reicht deine Gnade, deine Treue bis zu den Wolken. Deine Gerechtigkeit ist den Bergen Gottes gleich, deine Rechtssprüche dem gewaltigen Urmeer; Menschen und Vieh hilfst du, o Herr.*

(Psalm 36,6-7)

Das ist Anbetung. Es geht darum, dem Herrn Wertschätzung entgegenzubringen. Dementsprechend kann man die Verse 8-10 umformulieren:

*Wie köstlich ist deine Gnade, Gott! Und die Menschenkinder bergen sich in deiner Flügel Schatten. Sie laben sich am Fett deines Hauses, und mit dem Strom deiner Wonnen tränkst du sie. Denn bei dir ist der Quell des Lebens; in deinem Licht sehen wir das Licht.*

In Psalm 29,1 heißt es: „Gebt dem Herrn, ihr Göttersöhne, gebt dem Herrn Herrlichkeit und Kraft!" Individualisiert könnte das lauten: „Ich gebe alles dir, Herr, denn du bist mächtig. Ich gebe dir, Herr, die Herrlichkeit und Kraft." Erkennen Sie das Prinzip, die Aussagen der Schrift auf die persönliche Ebene zu übertragen?

In Vers 2 geht es weiter:

*Gebt dem Herrn die Herrlichkeit seines Namens.*

Wir würden es vielleicht so umformulieren: „Ich möchte dir, Herr, die Herrlichkeit deines Namens geben."

Was haben diese Schriftpassagen, die Sie für Ihre Anbetungszeit verwenden können, gemeinsam? Sie befassen sich ausschließlich mit der Person Gottes. Gebietet uns Gott nicht, „den Herrn von ganzem Herzen zu lieben" (Markus 12,28-30a)? Wenn wir Gott anbeten, sind wir voll und ganz auf den konzentriert, den wir lieben. Alles andere und jeder andere spielt in diesem Moment keine Rolle mehr. Schon gar nicht wir selbst. Das ist ein ganz grundlegender Aspekt bei wahrer Anbetung.

In Psam 93,1 heißt es wieder: „Der Herr ist König! Er hat sich bekleidet mit Hoheit! Der Herr hat sich bekleidet, mit Stärke hat er sich umgürtet!" Umformuliert und auf die persönliche Ebene übertragen könnte es so klingen: „Du, Herr, bist König! Du hast dich bekleidet mit Hoheit! Du hast dich mit Stärke umgürtet!"

Und in Psalm 104,1 lesen wir: „Preise den Herrn, meine Seele! Herr, mein Gott, du bist sehr groß, mit Majestät und Pracht bist du bekleidet!" Dies könnte in der persönlichen Anbetung so lauten: „Ich preise dich, Herr, aus tiefster Seele, denn du bist mein Herr und mein Gott. Du bist so erhaben. Du bist bekleidet mit Majestät und Pracht."

Manche Verse lassen sich auch unverändert verwenden, wie zum Beispiel Psalm 139,1-4:

> *Herr, du hast mich erforscht und erkannt. Du kennst mein Sitzen und mein Aufstehen, du verstehst mein Trachten von fern. Mein Wandeln und mein Liegen – du prüfst es. Mit allen meinen Wegen bist du vertraut. Denn das Wort ist noch nicht auf meiner Zunge – siehe, Herr, du weißt es genau.*

Wenn Sie den Herrn mit Hilfe der Psalmen anbeten, lesen Sie sie zu Anfang ruhig laut vor. Doch mit der Zeit ist es von Vorteil, die entsprechenden Passagen auswendig zu lernen. Nehmen Sie sich vielleicht einen Vers pro Woche vor. Und während Ihrer Anbetungszeit werden Sie merken, dass der Heilige Geist diese auswendig gelernten Schriftstellen gebraucht, um Ihr Herz mit dem Lob Gottes zu füllen.

## Verwendung von Liedern

Christliche Lieder sind ebenfalls ein wunderbares Hilfsmittel. Klassische Glaubens- und Anbetungslieder eignen sich für diesen Zweck besonders gut. Einige dieser Anbetungslieder wollen wir uns nun einmal gemeinsam anschauen[24]. Dabei sollte man darauf achten, dass sie ausdrücklichen Lobpreis enthalten und persönlich formuliert sind.

„Heilig, heilig, heilig" ist ein solches Anbetungslied.

> *Heilig, heilig, heilig. Gott, du bist heilig.*
> *Im Licht des Morgens dich unser Loblied*
> *preist. Heilig, heilig, heilig, gnädig und barmherzig*
> *Ist Gott der Vater, Sohn und Heil'ger Geist.*[25]

Das ist Anbetung. Sie können das Lied auswendig lernen und die Worte so zu Ihren eigenen machen.

Als unsere erstgeborene Tochter Elizabeth noch klein war, lebten wir gerade in Japan. Dieser Abschnitt gehört zu den schönsten Zeiten meines Lebens. Als Elisabeth dreieinhalb Jahre alt war, nahm ich sie oft mit, wenn ich in die nächste Stadt fuhr. Während wir in unserem kleinen Volkswagen so daherzuckelten, brachte ich ihr dieses Anbetungslied bei. Es war das erste Lied, das sie auswendig konnte. Warum? Auch wenn sie erst dreieinhalb Jahre alt war,

---

24 Abweichend vom amerikanischen Original wurden nachfolgend einige deutsche Lieder verwendet. (Anm. d. dt. Hrsg.)

25 Orginaltitel: „Holy, holy, holy" von Reginald Heber (1783–1826), deutsch von Ulrich Betz. (Anm. d. dt. Hrsg.)

sollte sie schon eine grundlegende Sache verstehen: Sie wurde geschaffen, um Gott anzubeten. Noch heute höre ich, wie sie mit hellem Kinderstimmchen „Aller Engel Chöre" singt. Wunderschöne Musik in den Ohren eines Vaters. Und wie schön solche Worte erst in Gottes Ohren klingen!

Ein weiteres, deutsches Anbetungslied ist „Schönster Herr Jesu".

> *Schönster Herr Jesu, Herrscher aller Enden,*
> *Gottes und Marien Sohn!*
> *Dich will ich lieben. Dich will ich ehren,*
> *du meiner Seele Freud und Kron.*

Das ist Anbetung. Strophe zwei klingt dann so:

> *Schön sind die Felder, schöner sind die Wälder,*
> *in der schönen Frühlingszeit:*
> *Jesus ist schöner. Jesus ist reiner,*
> *der unser traurig' Herz erfreut.* [26]

Die zweite Strophe könnte man für die persönliche Anbetungszeit folgendermaßen passend machen:

> *Schön sind die Felder, schöner sind die Wälder,*
> *in der schönen Frühlingszeit:*
> *Du, Herr, bist schöner. Du, Herr, bist reiner,*
> *du, der mein traurig' Herz erfreut.*

Darüber hinaus gibt es noch ein Lied, das zwar kein Anbetungslied im eigentlichen Sinne ist, sich aber

---

[26] Heinrich August von Fallersleben (1798-1874).

vom Inhalt her genauso gut eignet: „Ich will dich lieben, meine Stärke".

*Ich will dich lieben, meine Stärke,*
*ich will dich lieben, meine Zier,*
*ich will dich lieben mit dem Werke*
*und immerwährender Begier;*
*ich will dich lieben, schönstes Licht,*
*bis mir das Herze bricht.*[27]

Wie ließe sich dieser Text in ein Gebet kleiden?

*Kostbarer Herr, du bist würdig, dass ich dich*
*mit ganzem Herzen, ganzer Seele und all meiner Kraft liebe. Du allein bist es wert, geliebt*
*zu werden. Denn du bist meine Freude und*
*meine Zier. Du bist das Höchste, was ich habe.*

Ein weiteres, sehr schönes Anbetungslied ist „O du Lamm Gottes" von Dora Rappard.

*O du Lamm Gottes, du hast auf Golgatha*
*Herrlich gesieget. Amen, Halleluja!*
*Du hast erworben Heil für die ganze Welt*
*Und hast aufs Völligste gezahlt das Lösegeld;*
*Du riefst mit lauter Stimm durchs Todes Nacht:*
*Es ist vollbracht, es ist vollbracht!*[28]

---

27 Johann Scheffler (1624-1677)
28 Dora Rappard (1842-1923). Liedwahl und Übertragung durch die Übersetzerin. Das Originallied *And Can It Be That I Should Gain?* von Charles Wesley (1707-1788) gibt es nicht in deutscher Fassung. (Anm. d. dt. Hrsg.)

Dies ist eines der schönsten deutschsprachigen Anbetungslieder. Wie könnte man es für die persönliche Anbetungszeit verwenden? Es ist nicht leicht umzuformulieren, aber mit etwas Fantasie gelingt es doch.

> *Lieber Herr, du hast am Kreuz von Golgatha den Sieg vollbracht. Auch für mich hast du dort die Erlösung erworben, hast mich durch dein teures Blut erkauft und aus den Fängen des Todes gerissen. Für mich hast du gelitten, und auch mir galt dein Schmerzensschrei: Es ist vollbracht!*

Die vierte Strophe lautet:

> *Jesus, mein Heiland, dir sag ich Preis und Dank;*
> *O Überwinder, hör meinen Lobgesang!*
> *In deine Gnade hüll ich mich tief hinein,*
> *in deinem teuren Blut bin ich gerecht und rein.*
> *Ehr sei dem Lamm, das rief, da es geschlacht':*
> *Es ist vollbracht, es ist vollbracht!*

Die Übertragung könnte so lauten:

> *Ich lobe und preise dich, Herr Jesus, Heiland und Überwinder. Deine Gnade umgibt mich, und dein kostbares Blut macht mich vor dem Vater gerecht. Dir sei alle Ehre, Herr Jesus, dafür, dass du das Lamm geworden bist und dich ein für alle Mal geopfert hast – auch für mich.*

Auch „Stern auf den ich schaue" ist ein herrliches Lied, das sich ebenfalls gut für die Stille Zeit eignet. Immer wenn ich ein wenig müde bin – und Müdigkeit ist ein Feind wahrer Anbetung – helfen mir die Worte dieses Liedes dabei, mein Herz ganz auf Gott auszurichten.

> *Stern, auf den ich schaue,*
> *Fels, auf dem ich steh,*
> *Führer, dem ich traue,*
> *Stab, an dem ich geh,*
> *Brot, von dem ich lebe,*
> *Quell, an dem ich ruh,*
> *Ziel, das ich erstrebe,*
> *alles, Herr, bist du!* [29]

Eine solche Strophe kann uns zu einem Text wie dem folgenden inspirieren:

> *Du bist der ewige Stern, Herr, der mir in*
> *Ewigkeit leuchten wird. Dank deiner Liebe zu*
> *mir stehe ich auf festem Grund. Ich vertraue*
> *mich voll und ganz deiner Führung an und*
> *lasse mich von dir auf dem richtigen Weg*
> *leiten. Du bist das Brot und das Wasser des*
> *Lebens. Du stillst den Hunger und den Durst*
> *meines Herzens. Du bist das Höchste, was ich*
> *habe, Herr. Du bist mein Ziel in Ewigkeit.*

---

[29] Adolf Krummacher, (1824-1884). Liedwahl und Übertragung durch die Übersetzerin. Das Originallied *Etenal Light! Eternal Light* von Thomas Binney (1798-1874) und H. L. Morley gibt es nicht in deutscher Fassung.. (Anm. d. dt. Hrsg.)

Und nun noch ein letztes Anbetungslied:

*Großer Gott, wir loben dich,*
*Herr, wir preisen deine Stärke.*
*Vor dir neigt die Erde sich*
*Und bewundert deine Werke.*
*Wie du warst vor aller Zeit,*
*so bleibst du in Ewigkeit.*

*Alles, was dich preisen kann,*
*Cherubim und Seraphinen,*
*stimmen dir ein Loblied an;*
*alle Engel, die dir dienen,*
*rufen dir stets ohne Ruh'*
*heilig, heilig, heilig zu.*

*Heilig, Herr Gott Zebaoth.*
*Heilig, Herr der Himmelsheere!*
*Starker Helfer in der Not!*
*Himmel, Erde, Luft und Meere*
*sind erfüllt mit deinem Ruhm;*
*Alles ist dein Eigentum.*

*Auf dem ganzen Erdenkreis*
*Loben Große und auch Kleine*
*Dich, Gott Vater, dir zum Preis*
*Singt die heilige Gemeinde;*
*Sie verehrt auf seinem Thron*
*deinen eingebor'nen Sohn.*[30]

---

[30] Ignaz Franz (1719-1790). Liedwahl und Übertragung durch die Übersetzerin. Das Originallied *Gracious God, We Worship Thee* von Samuel Trevor Francis (1834-1925) und Samuel Trevor Francis (1834-1925) gibt es nicht in deutscher Fassung. (Anm. d. dt. Hrsg.)

Eine mögliche Übertragung könnte in etwa so lauten:

*Ich will dich loben, du großer Gott.*
*Deine Stärke ist unbeschreiblich.*
*Die ganze Erde muss vor dir niederfallen,*
*weil du der Schöpfer aller Dinge bist.*
*Du bist der unveränderliche Gott, der in*
*Ewigkeit derselbe ist.*

*Das ganze Himmelsheer der Engelscharen*
*lobt dich, du großer Schöpfer.*
*Alles im Himmel und auf der Erde ist dir*
*untertan.*
*Du bist der Heilige, der über alles erhaben ist.*
*Du, der Herr über das ganze Universum,*
*regierst alles.*

*Und trotzdem bin ich dir nicht zu klein, dass*
*du dich meiner annimmst und dich um mich*
*kümmerst – auch um meine Sorgen und Nöte.*
*Deine gesamte Schöpfung ist ein Abglanz*
*deiner Herrlichkeit.*
*Alles gehört dir.*

*Alle deine Kinder – ob groß oder klein –*
*rühmen deinen herrlichen Namen, o Gott.*
*Und die Schar deiner Auserwählten betet das*
*Lamm auf dem Thron an, das du erhöht und*
*verherrlicht hast.*

*The Christian Book of Mystical Verse* von A.W. Tozer ist auch sehr hilfreiche Literatur im Hinblick auf die tägliche Anbetungszeit und bietet viel inhaltliche Grundlage. Dieses Buch enthält außerdem die folgende sehr einschlägige Passage aus der Feder John Bowrings:

> *Allmächtiger!*
> *Dir zu Füßen sinke ich in den Staub.*
> *Sogar die Cherubim verneigen sich vor dir.*
> *Still und ergeben bete ich dich an,*
> *dich, den allwissenden und allgegenwärtigen Freund!*
> *Du verleihst der Erde eine smaragdene Hülle und verbirgst sie unter dem blütenweißen Schleier des Schnees.*
> *Die strahlende Sonne und der sanfte Mond –*
> *Sie alle verneigen sich vor der Majestät deiner Gegenwart.*[31]

Oder nehmen wir das anrührende Gedicht „Der dreieinige Gott" von Frederick William Faber:

> *Du dreieiner Gott! Du eine Majestät!*
> *Es ist kein Gott außer dir!*
> *Grenzenlose, allumfassende Dreieinigkeit!*
> *Du unbeschreiblicher Gott Vater, Sohn und Heiliger Geist!*
> *Dich beten wir an, Allmächtiger, Dreieiniger und doch Einziger.*
> *Unbezähmbares Meer.*
> *Alles Leben kommt von dir, der du selbst lebst in vollkommener Einheit.*
> *Gepriesen seiest du, mein Freudengeber.*
> *Du allein bist es, worüber mein Herz jubelt.*[32]

---

31 übersetzt nach: A.W. Tozer, *The Christian Book of Mystical Verse* (Harrisburg, PA.: Christian Publications, 1963), S. 2-3

32 übersetzt nach: ders., S. 3-4

Das Lied „Gott ist gegenwärtig" von Gerhard Tersteegen sollte von uns in diesem Zusammenhang auch berücksichtigt werden:

> *Gott ist gegenwärtig.*
> *Lasset uns anbeten*
> *Und in Ehrfurcht vor ihn treten.*
> *Gott ist in der Mitten.*
> *Alles in uns schweige*
> *Und sich innigst vor ihm beuge.*
> *Wer ihn kennt,*
> *wer ihn nennt,*
> *schlag die Augen nieder;*
> *kommt, ergebt euch wieder.*[33]

Tersteegens Verse könnten individuell umgestaltet etwa so klingen:

> *Du hast uns deine Gegenwart offenbart, Herr.*
> *In dieser deiner Gegenwart kann ich nicht*
> *anders, als dich voller Ehrfurcht anzubeten.*
> *Inmitten deines Heiligtums thronst du, Herr,*
> *und bei deinem Anblick schweigt alles in meinem Inneren und steht dir willig zu Diensten.*
> *Du allein bist mein Gott,*
> *du, mein Herr und Erlöser.*
> *Deinen Namen erhebe ich in alle Ewigkeit!*

---

33 Gerhard Tersteegen (1697-1769).

## Die Verwendung von Büchern

Ich kenne niemanden, der einen so tiefen Einblick in die Geheimnisse der Anbetung hatte wie A.W. Tozer zu seinen Lebzeiten. Er wusste genau, was Anbetung wirklich ist. Als A.W. Tozer im Jahre 1952 Redner bei einer Bibelwoche am Wheaton College war, wurde ich gebeten, die Fragestunden für die Studenten zu leiten. Ich zögerte zunächst, diese Aufgabe anzunehmen, weil es mir näherliegend erschien, dass Dr. Tozer diese Stunden selbst durchführte. Daraufhin teilte er mir mit, dass er pro Stunde Verkündigungsdienst durchschnittlich zweieinhalb Stunden Vorbereitungszeit im Gebet benötige. Da er zwei Stunden täglich zu predigen habe, plane er dementsprechend fünf Stunden im Gebet ein. Daraufhin sagte ich sofort zu.

Eines der Werke, das man auf jeden Fall besitzen sollte, ist das Büchlein „Das Wesen Gottes"[34] von A.W. Tozer – eine Abhandlung über die Eigenschaften Gottes. Eines der großen Defizite, die sich in der heutigen Zeit beobachten lassen, ist die fehlende Gotteserkenntnis. Nur selten spürt man der Frage nach, wie Gott wirklich ist. Natürlich können wir dieses herrliche Wesen mit unserem Verstand nicht fassen. Doch wenn wir uns mit seinen Eigenschaften befassen, sehen wir zwar unvollkommen „wie durch einen trüben Spiegel", aber dennoch ansatzweise die Wesenszüge dieses

---

34 A.W. Tozer: *Das Wesen Gottes*, Hänssler, Stuttgart-Neuhasen, 2001

großartigen Gottes, den wir anbeten. Es gibt kein anderes Buch, das einen tieferen und anschaulicheren Einblick in die Eigenschaften Gottes vermittelt als dieses. Nehmen Sie es sich zur Hand und fassen Sie jedes einzelne Kapitel zusammen, bevor Sie weiterlesen. Ich meine, dass Sie auf diese Weise schnellstmöglich erfahren, wie Gott wirklich ist.

## MÖGLICHE HINDERNISSE

Behutsam, aber trotzdem deutlich wollen wir uns nun sechs möglichen Hindernissen im Zusammenhang mit Anbetung zuwenden. Denn sie zu ignorieren würde bedeuten, dem einen oder anderen die Erfahrung erfüllender Anbetungszeiten vorzuenthalten.

### Ein nicht wirklich hingegebenes Herz

Das erste Hindernis ist ein nicht hingegebenes Herz. Die ein für alle Mal vollzogene Hingabe ist eine wichtige Voraussetzung, wie unser Herr sagte: „Wenn jemand mir nachkommen will, verleugne er sich selbst und nehme sein Kreuz auf täglich und folge mir nach!" (Lukas 9, 23).

Die Rede ist hier von einer Krise, auf die ein bestimmter Prozess folgt. Doch wann genau ereignet sich diese Krise? „Wenn jemand mir nachkommen will, verleugne er sich selbst." Sie besteht darin, das eigene Ich zu entthronen und stattdessen Christus auf den Thron zu setzen. Dieser Akt zieht einen stetigen Prozess nach sich – wir müssen täglich unser Kreuz tragen und dafür sorgen, dass Christus derjenige bleibt, der den Thron unseres Lebens innehat, ohne dass sich unser Ich diesen Platz zurückerkämpft. Wenn unsere innere Haltung nicht von einem wirklich hingegebenen Herzen geprägt ist, werden wir früher oder später vom Kurs abkommen und unseren entgegengesetzten Vorlieben nachgeben. Plötzlich merken wir dann, dass wir in unserer Stillen Zeit nicht mehr zu Gott durchdringen, und bald danach verlieren wir sogar komplett die Lust an der Anbetung. Bewahren Sie sich ein hingegebenes, weiches und dem Herrn zugewandtes Herz.

## Unvergebene Schuld

Das zweite mögliche Hindernis ist Sünde, die deshalb unvergeben ist, weil wir sie nicht bekennen. Wir müssen nicht meinen, dass Schuld sich irgendwann verflüchtigt, wenn wir sie nur lange genug verschweigen. Ebenso wenig wie ein Krebsgeschwür von selbst verschwindet, wird Sünde sich von selbst beseitigen. Vielmehr kann man unsere Schuld mit solch einem Tumor vergleichen. Und genau wie ein Tumor muss Sünde behandelt werden. Ziehen Sie täglich Bilanz hinsichtlich Ihres Handelns und bekennen Sie die Schuld, die Ihnen dabei deutlich wird. Bekennen Sie sie sofort und nennen Sie sie beim Namen. Tun Sie Buße und setzen Sie Ihren Weg mit dem Herrn fort.

## Falsche Einstellungen
Der dritte mögliche Feind der Anbetung ist eine falsche innere Haltung, vor allem einem Bruder oder einer Schwester in Christus gegenüber. Eine falsche innere Haltung betrübt den Heiligen Geist. In einem solchen Zustand ist wahre Anbetung gar nicht möglich. Geben Sie acht auf Ihre innere Einstellung und gehen Sie kompromisslos vor, wenn diese in Schieflage gerät. Machen Sie reinen Tisch, indem Sie Buße darüber tun.

## Angriffe des Feindes
Es wird Zeiten geben, wenn Sie durch feindliche Angriffe vom Herrn abgelenkt werden sollen. Schieben Sie ihnen im Namen Jesu einen Riegel vor. „Unterwerft euch nun Gott!", heißt es in Jakobus 4,7. „Widersteht dem Teufel! Und er wird von euch fliehen." Solche Angriffe zielen besonders häufig auf Missionare, doch auch Geschwister, die dem Herrn in ihrer Heimat dienen, geraten immer wieder in die Schusslinie. Lassen Sie sich nicht einreden, dass diese Angriffe Folge von Sünde in Ihrem Leben seien. Hier steckt eindeutig der Feind dahinter.

## Körperliche Erschöpfung
Ein fünftes Hindernis kann ein Zustand physischer Erschöpfung sein. Eine kalte Dusche am Morgen hat sich in diesem Zusammenhang schon häufig als hilfreich erwiesen. Zunächst sollte man darauf achten, genug Schlaf zu bekommen. John Wesley

pflegte sich abends mit den Worten zu verabschieden: „Es ist jetzt zehn Uhr. Ich muss mich zur Ruhe begeben. Denn morgen früh um vier habe ich eine Verabredung mit dem Herrn." Auch körperliche Betätigung wie regelmäßiges Spazierengehen ist wichtig. Zusätzlich sollten Sie sich immer wieder gegen emotionale Erschöpfung wappnen, denn diese schwächt Sie noch viel mehr als jede andere Art der Anstrengung.

## Unglaube

Unglaube ist das sechste Hindernis. In Ihrer persönlichen Stillen Zeit steht der Glaube an vorderster Front. Halten Sie die Anbetungszeit im Vertrauen, dass Gott wunderbar wirken kann.

Einmal hatte ich das Vorrecht, einer schottischen Schwester zu begegnen, für die Anbetung absolute Priorität war. Sie hieß Mrs. Stewart und war eine sehr liebenswürdige und demütige Person. Finanziell hielt sie sich als Putzfrau über Wasser, und zwar zu einer Zeit, als es noch üblich war, Fußböden auf den Knien zu schrubben.

Als meine Frau und ich nach Schottland kamen, wollte ich unbedingt Mrs. Stewart treffen, weil ich wusste, dass diese Frau schon seit Jahren täglich für uns betete. Sie lebte in einer sehr bescheidenen Unterkunft, bestehend aus zwei Zimmerchen und einer winzigen Küche mit einem Spiegel als Raumteiler. Den einen Raum nutzte sie als Schlafzimmer, den anderen als Wohnzimmer.

Jeden Morgen nach dem Aufstehen schaute sie ganz bewusst in diesen als Raumteiler dienenden Spiegel. Der Grund, den sie dafür nannte, war einfach: „Jeden Morgen mache ich im Wohnzimmer meine Stille Zeit. Wenn ich zuvor aus dem Schlafzimmer komme, werfe ich noch einen letzten prüfenden Blick in den Spiegel, damit ich für das Treffen mit meinem Herrn auch ordentlich aussehe."

Diese Frau wusste, was vertraute Gemeinschaft mit Gott ist. Ich hätte viel dafür gegeben, einmal als Zaungast ihrer Anbetungszeit mit dem Herrn lauschen zu dürfen. Zweifellos war sie in freudiger Erwartung ihres Herrn und wollte auch dementsprechend aussehen.

## In Anbetung versunken

Während des Zweiten Weltkrieges durfte ich in der australischen Armee dienen. In dieser schweren Zeit habe ich einige beeindruckende Christen kennengelernt. Es waren nicht viele, doch die wenigen Männer Gottes haben mich sehr beeindruckt. Der Herausragendste von ihnen war ein junger Mann namens Tom Walton.

Ich bekam mit, wie Tom in eine Trainings-Camp-Einheit abkommandiert wurde. Der Pastor hatte eine flammende evangelistische Predigt gehalten, und auf seinen anschließenden Aufruf hin hallte das Dröhnen der Stiefel eines Mannes durch den Raum, der nach vorne marschierte. Als ich hochsah, erblickte ich einen Kameraden mit Hornbrille und rosigen Wangen, der entschlossen war, sein ganzes Leben dem Herrn Jesus Christus zu übergeben.

Ob er es wirklich durchhält?, fragte ich mich im Stillen, weil ich wusste, dass die australische Armee nichts für Schwächlinge war. Doch er hielt durch.

Der junge Tom kam zum Nachschub einer unserer ältesten Divisionen, die in Afrika kämpfte. Die „alten Hasen" dieses Regiments waren nicht sehr begeistert über den unerfahrenen Nachschub, doch der junge Tom gewann im Nu ihre Herzen. Die Art und Weise, wie er sein Leben aufs Spiel setzte, beeindruckte sie sehr, und bereits nach kurzer Zeit wurde er zusammen mit seiner Kampfeinheit für besondere Tapferkeit ausgezeichnet.

Als Tom sechs Wochen vor Ausruf des Waffenstillstands fiel, weinten diese harten Veteranen bitterlich. Sie hatten ihren „Christen" verloren, den sie so sehr ins Herz geschlossen hatten.

Einmal wandte ich mich an den leitenden Offizier dieser Einheit und bat ihn nach einer ihrer sehr langen Einsatzperioden um Erlaubnis, dass Tom ein paar Tage zusammen mit mir verbringen durfte.

Der Offizier überlegte laut. „Walton? Walton? Ach, Sie meinen den Christen?"

„Na ja", entgegnete ich, „ich weiß ja nicht, wie Sie ihn hier nennen, aber er heißt Tom Walton."

„Ja, den meine ich. Wir nennen ihn hier nur den Christen."

```
  0.55        1h
  0.40
  0.30
  1.
  ‾‾‾‾
  1.25
  2.25
```

```
  500
  360
  ‾‾‾
  410
```

· 9/6 55 7
· 18:30 uhr

☎ **Notizen**

Du wolltest um 8.00 h aufstehen und um 8.15 h frühstücken, weil Du um 9.00 Uhr mit Deinen Schulsachen arbeiten wolltest.

## Ried-Apotheke

*Gisela Masur*
Zußdorfer Straße 7 · 88271 Wilhelmsdorf
Tel. 07503/93 19 51 · Fax 93 19 52
E-Mail: Ried-Apotheke-Wilhelmsdorf@t-online.de

Warum nannten sie ihn so? Was hatte Tom an sich, dass ihn das gesamte Bataillon kannte und so enorm respektierte? Die Antwort ist ganz einfach. Im Leben unseres jungen Soldaten hatte die Anbetung Gottes höchste Priorität.

Nach dem Krieg erhielt ich sein Tagebuch. Natürlich befanden sich Notizen darin wie „Im Morgengrauen werden wir angreifen. Also werde ich meine Stille Zeit auf vier Uhr morgens vorverlegen".

Eines Morgens fehlte er beim Appell, als er aufgerufen wurde. Der Offizier fragte den Unteroffizier: „Wo ist Walton?"

Dieser antwortete: „Ich weiß es nicht, Sir."

Als der Unteroffizier ihn gefunden hatte, machte er ihm Beine. „Walton! Zeit zum Appell! Los, auf geht's. Was ist denn los mit dir, Mann?"

Blitzschnell raffte Tom seine Ausrüstung zusammen und eilte über den Lagerplatz. Einige Tage später ereignete sich dasselbe wieder.

„Wo ist Walton?"

„Ich weiß es nicht, Sir."

„Dann suchen Sie ihn!"

Der Unteroffizier fand Tom kniend und betend in seinem Zelt. „Wenn das noch einmal passiert, Walton, werden ich Sie beim Kompaniechef melden müssen!" Der Ton des Offiziers war schon etwas schärfer.

Und es passierte wieder. Dieses Mal musste Tom beim Kompaniechef vorsprechen, wo er wegen seiner Auszeichnungen wohl bekannt war.

„Dreimal sind Sie nicht zum Appell erschienen. Das sieht Ihnen gar nicht ähnlich. Was haben Sie als Erklärung für dieses schlechte Vorbild vorzubringen?"

In seiner unnachahmlich treuherzigen Weise entgegnete Tom: „Na ja, Sir, es ist immer so: Ich beginne, meinen Herrn Jesus anzubeten, und dann nehme ich plötzlich nichts mehr um mich herum wahr. Ich überhöre sogar das Signal zum Appell. Ich überhöre die Stimmen um mich herum. Ich bin komplett versunken. Es tut mir wirklich leid."

Tom kannte diesen Zustand, in Anbetung seines Herrn versunken zu sein. Das Gerassel der Ausrüstung, der schrille Pfiff des Appellsignals, das Getrappel der Stiefel – all das war für ihn in weiter Ferne.

Als Tom 19 Jahre alt war und gerade in Borneo kämpfte, nahm der Herr ihn zu sich.

J. Dwight Pentecost
**Leben, wie Gott mich will**
Christsein nach dem Vorbild Jesu

Das größte Ziel eines Christen ist nicht, Jesus zum besten Freund zu haben, sondern nach seinem Vorbild zu leben. Dieses Buch nimmt Sie mit in ein „Ausbildungsprogramm" zu einem gereiften und gefestigten Christsein. Die Grundlagen der Gemeinschaft mit Gott, eines gottzentrierten Lebensstils und geistlichen Wachstums werden im Detail erklärt und verständlich gemacht.

Gebunden, 400 Seiten
13,5 x 20,5 cm
Best.-Nr.: 271.096

Rudolf Möckel
**Neues von Elischa**
Frische Impulse für ein Leben im Vertrauen

Elischa zählt zu den ungewöhnlichsten Personen im Alten Testament. Ohne Berührungsängste mit Menschen bildete er in Wort und Tat die Freundlichkeit, Gnade und Größe Gottes ab. In den heutigen Sorgen und Ängsten können wir von ihm und seinen Erfahrungen profitieren, der zu 100 % auf Gott vertraut hat.

Paperback, 192 Seiten
13,5 x 20,5 cm
Best.-Nr.: 271.125

Warren W. Wiersbe
**Gott kennt keine Eile**
... und andere Impulse für ein ausgeglichenes Leben

Wie schwer fällt es, geduldig zu sein und Gott zu vertrauen, dass er die Dinge in der Hand hat?! Warren W. Wiersbe macht Mut, das zu lernen und den Segen zu erfahren, der darin liegt, nach Gottes Zeitplan zu leben statt nach dem eigenen.

Paperback, 160 Seiten
13,5 x 20,5 cm
Best.-Nr.: 271.055

Warren W. Wiersbe
**1x1 des Betens**
Ausschöpfen, was drin ist

Bring dein Gebetsleben auf einen neuen Level. Warren Wiersbe eröffnet mit Humor und Verstand auf einfache Weise, welche Möglichkeiten ein erfülltes Gebetsleben bietet, und hilft, neue Kraft dafür zu tanken. Er zeigt, wie ehrlich und offen man gegenüber Gott sein kann und darf.

Taschenbuch, 154 Seiten
11 x 18 cm
Best.-Nr.: 271.130

Joseph M. Stowell
**Nur Jesus zählt**
Seine Nähe erleben, seine Liebe weitergeben

„Du brauchst Jesus und einen guten Ruf, einen soliden Job, Freunde …" – bald hat man das alles gewonnen, aber die Hauptsache verloren. Stowell zeigt, wie Jesus täglich erfahrbar Zentrum unseres Lebens sein kann. Er lädt zum Umdenken und Hinwenden zu Jesus ein.

Gebunden, 160 Seiten
12 x 18,7 cm
Best.-Nr.: 273.608

Ruthie Delk
**Durst nach Gnade**
Warum das Evangelium auch für Christen wichtig ist

Kennen Sie das Gefühl, im Glauben festzustecken? Sie empfinden in Ihrem geistlichen Leben eine Sehnsucht, wissen aber nicht genau, wonach? Möglicherweise fehlt Ihnen eine Erinnerung an die gute Botschaft, an das wahre Evangelium, das Freiheit, Leben und Hoffnung bringt ...

Gebunden, 176 Seiten
12 x 18,7 cm
Best.-Nr.: 271.150